CURSO DE FORMACIÓN MINISTERIAL

COMO ENSEÑAR con eficacia

El uso de métodos en la educación cristiana

CURSO DE FORMACIÓN MINISTERIAL

COMO ENSEÑAR con eficacia

El uso de métodos en la educación cristiana

EDUCACIÓN CRISTIANA

editorial clie

Martha Saint de Berberián

EDITORIAL CLIE
Polígono Industrial Can Trias
Ferrocarril, 8
08232 VILADECAVALLS (Barcelona) ESPAÑA
E-mail: libros@clie.es
Internet: http:// www.clie.es

CÓMO ENSEÑAR CON EFICACIA
El uso de métodos en la educación cristiana

Depósito legal: B-11330-2007 Unión Europea
ISBN: 978-84-7645-296-7

Impreso en USA

Printed in the U.S.A.

Clasifíquese:
605 EDUCACIÓN CRISTIANA:
Escuela dominical-Formación de maestros
CTC: 02-08-0605-03
Referencia: 223365

INDICE

PRÓLOGO

Presentamos un nuevo volumen de nuestra colección MINISTERIOS CREATIVOS conscientes de que el tema, no por ser archiconocido deja de tener una trascendencia vital en el desarrollo y crecimiento de la iglesia.

Siempre he pensado que los maestros de Escuela Dominical somos auténticos héroes en el servicio cristiano. Semana tras semana hemos de estar dedicados a tan ardua labor, sin vacaciones ni apenas respiros. En la mayoría de los casos, hemos de preparar nuestras propias clases sin contar con materiales apropiados (o, para mayor desgracia, sin ninguna clAse de materiales didácticos).

Muchos de nosotros somos maestros de Escuela Dominical porque "no hay nadie más en la iglesia que lo pueda hacer" y sin embargo, amamos nuestro trabajo y a nuestros alumnos, y somos felices sirviendo así al Señor.

Los maestros confiesan que no saben cómo hacerlo, pero lo hacen y, casi siempre, mejor de lo que ellos mismos se esperan. Carecen de preparación programada y de instrucción bíblica (algunos afortunados han asistido a algún seminario o instituto bíblico), pero enseñan con cariño la Biblia que les ha transmitido la Vida y el Amor auténtico del Gran Educador, Dios.

Son unos auténticos héroes.

Quizá para este número ingente de maestros o futuros maestros de Escuela Dominical, especialmente para ellos, va dirigido este libro.

Su autora, Martha Saint de Berberián, educadora cristiana con larga experiencia, traza esquemáticamente lo esencial de la Historia de la Educación Cristiana (de la Historia siempre hay para aprender) y provee la visión de lo que son los puntos claves para llevar a cabo una Educación Cristiana eficaz. Y es por esta razón que hemos querido incluir un libro como éste en una colección "creativa" como la nuestra. Y es que para la enseñanza se requiere, más que otra cosa, una creatividad inaudita y renovadora.

Sabemos que aquí no se dice todo, pero estoy seguro que para el lector ávido de desarrollar su ministerio será un plato excelente para consumir, y que muchas iglesias de nuestro particular mapamundi hispanoamericano sabrán aprovechar la información tan bien expuesta en este libro, adaptándola a su peculiar ambiente cultural.

Fernando Campillo
Director de la colección
MINISTERIOS CREATIVOS

INTRODUCCIÓN

LA IMPORTANCIA DE LA EDUCACIÓN CRISTIANA

"Por tanto id, y haced discípulos a todas las naciones, bautizándolos en el nombre del Padre, y del Hijo, y del Espíritu Santo; enseñándoles que guarden todas las cosas que os he mandado; y he aquí yo estoy con vosotros todos los días, hasta el fin del mundo. Amén." Mateo 28:19-20

QUÉ ES LA EDUCACIÓN CRISTIANA

Hay muchas personas que tienen bastante conocimiento de la Biblia, de la vida cristiana y de Dios. ¡Qué tremendo! Pero lamentablemente una gran mayoría no tiene la capacidad de comunicar lo que sabe a los demás de una manera clara, directa y convincente. La Educación Cristiana es enseñanza, es didáctica, es instrucción, pero no en cualquier área sino en áreas de necesidad de las personas. La gente necesita conocer a Cristo como Salvador de sus pecados; necesita conocer los principios para vivir una vida victoriosa sobre los problemas, necesita tener normas de Dios para la vida personal para lograr éxito y satisfacción.

La Educación Cristiana, entonces, es enseñanza práctica de la Palabra de Dios y la buena enseñanza produce cambios en la vida de los alumnos. La realidad de nuestras iglesias es que hay falta de este conocimiento bíblico impartido a través de la enseñanza. Hay personas que asisten por años a la iglesia, pero sus vidas se mantienen iguales que en el pasado. No creen, no se desarrollan espiritualmente. La razón es porque no hay enseñanza o programas de Educación Cristiana bien establecidos en la iglesia.

Hoy Dios está buscando a hombres y mujeres que aprendan a enseñar, y enseñar de la manera en que Cristo enseñó con resultados que transforman el mundo y la historia.

El texto que memorizaremos en esta lección habla claramente de "hacer discípulos" y de "enseñar", cosas que muchas iglesias practican poco, pero que ha sido el énfasis de nuestro Señor, la enseñanza de las cosas espirituales, y no enseñanza débil, sino enseñanza con AUTORIDAD (Mateo 7:29). ¿Qué de la enseñanza en su iglesia? ¿Qué de su ministerio personal en la enseñanza en la iglesia?

Gonzalo Báez-Camargo define ampliamente lo que es la Educación Cristiana. En su libro Principios y Métodos de la Educación Cristiana, dice:

"La educación cristiana es el proceso por el cual la experiencia, es decir, la vida misma de la persona, se transforma, se desarrolla, enriquece y perfecciona mediante su relación con Dios en Jesucristo."

Señala el mismo autor que la educación cristiana produce la "reconstrucción de la experiencia". Este es el elemento dinámico en la educación cristiana, no son los métodos y técnicas del educador, sino la relación muy personal del educando con Dios en Cristo.

Miremos a la iglesia donde asistimos. ¿Hay énfasis en que se aprenda a desarrollar esa relación personal con Cristo? Y una pregunta más: ¿Vemos que se transforman al recibir enseñanza en la iglesia?

QUE DICE LA BIBLIA SOBRE LA EDUCACIÓN CRISTIANA

La enseñanza comienza en el hogar, siendo los padres los maestros; esto lo encontramos en Deuteronomio 6:6-7. Según las Escrituras, esa enseñanza en el hogar nunca fue cambiada, aunque haya escuelas dominicales, institutos bíblicos y otras formas de enseñanza. No está de moda que los padres tomen el tiempo para enseñar a los hijos de manera formal, pero de todos modos los padres están enseñando a sus hijos a través de su ejemplo, y sin que los padres lo planifiquen, sus hijos heredan una influencia de su hogar que difícilmente se borra, sea para bien o sea para mal.

Dios desafía hoy a hombres y mujeres para que al formar su hogar tomen en serio su responsabilidad de enseñar a sus hijos.

El sabio Salomón escribió el libro de Proverbios para sus hijos, para enseñarles cosas prácticas en cada área de su vida, sea moral, económica o espiritual. El Proverbio 4:1 dice: "Oíd, hijos la enseñanza de un padre". Salomón sabía la importancia de comunicar a sus hijos instrucción. Uno de los reyes de Judá, Josafat, deseó que su pueblo aprendiera formalmente de las cosas de Dios. En 2 Crónicas 17:7-9 se nos relata cómo Josafat seleccionó príncipes, levitas y sacerdotes para enseñar en Judá, recorriendo todas las ciudades y enseñando al pueblo.

Durante el tiempo de Esdras y Nehemías, tomó lugar de importancia la enseñanza de la ley de Dios. Esdras fue un hombre de Dios quien había "preparado su corazón para inquirir la ley de Jehová y para cumplirla, y para enseñar en Israel sus estatutos y decretos" (Esdras 7:10). En Nehemías 8, se nos relata cómo "se juntó todo el pueblo... así de hombres como de mujeres y de todos los que podían entender... y leyó (Esdras) en el libro de la ley... desde el alba hasta el medio día... y los oídos de todo el pueblo estaban atentos al libro de la ley... y los levitas... hacían entender al pueblo la ley y el pueblo estaba atento en su lugar. Y leían en el libro de la ley de Dios claramente, y ponían el sentido, de modo que entendiesen la lectura... y puestos de pie en su lugar, leyeron el libro de la ley de Jehová su Dios la cuarta parte del día, y la cuarta parte confesaron sus pecados y adoraron a Jehová su Dios". Nehemías 3:8-9.

¿Cuál fue el resultado de esta enseñanza? Los israelitas se separaron de los pueblos paganos con los cuales se habían mezclado en matrimonio. Hubo un cambio evidente y muy necesario para que Dios los pudiera bendecir.

Por falta de enseñanza habían cometido ese pecado y a través de la enseñanza lo corrigieron y establecieron relación con Dios de nuevo. En el Nuevo Testamento la enseñanza del maestro o rabí tenía mucha importancia entre el pueblo de Israel .

Al Señor Jesús se le llamó "maestro" o "rabí" muchas veces. Marcos 4:38 habla de los discípulos llamando: "Maestro, ¿no tienes cuidado que perezcamos?" En Marcos 9:5, Pedro exclama: "Maestro, bien será que nos quedemos aquí".

Jesús también admitió su función de maestro. Dice en Juan 13:13 "Vosotros me llamáis maestro y Señor, y decís bien, porque lo soy". El apóstol Pablo fue otro gran maestro en las Escrituras. Fue educado a los pies de Gamaliel (Hechos 15:35), y varias porciones nos relatan que él usó la discusión, argumentación y persuasión en su enseñanza.

Se llamó a sí mismo maestro y apóstol (2 Timoteo 1:11) y clasificó su trabajo como ENSEÑANZA. (1 Corintios 4:17)

Vemos en estos ejemplos claves el valor que se da

a la enseñanza en las Escrituras, o sea lo que hoy llamamos Educación Cristiana.

UN DESAFIO PARA LAS IGLESIAS DE HOY

Para que haya un buen programa de enseñanza en nuestras iglesias, debe haber un pastor que tenga la visión, una congregación que se inspire en esa visión, y un grupo de maestros que conozcan a Dios, que trabajen de todo corazón con su pastor en el desarrollo de la Educación Cristiana en su iglesia. Ese es el fin de este curso: desafiar, proveer información y dar sugerencias prácticas para el desarrollo de la enseñanza en las iglesias.

Nuestra meta debe ser la de proveer enseñanza sólida de la Biblia para cada asistente a la iglesia y estudiar toda la Biblia. Que Dios nos ayude a cumplir con esta misión tan vital.

NapTime

sección

QUÉ ES, CÓMO SE HACE

1

LA EDUCACIÓN RELIGIOSA EN TIEMPOS BÍBLICOS

INTRODUCCIÓN

Desde que el hombre vive sobre la faz de la tierra, se ha valido de diferentes medios para transmitir y enseñar a la próxima generación todo lo que ha considerado como lo más importante. A través de los siglos se han producido grandes cambios en la forma de transmitir esa enseñanza.

El autor Lorenzo Luzuriaga nos presenta un panorama del desarrollo de la educación en 10 etapas principales:

Desarrollo de la Educación

1. **La educación PRIMITIVA - antes de la civilización formal**
2. **La educación ORIENTAL - siglo XXX al X a.C (20 siglos)**
3. **La educación CLASICA - de Grecia y Roma, siglo X a.C**
4. **La educación MEDIEVAL - siglo V al XV**

5. La educación HUMANISTA - siglo XV en adelante
6. La educación CRISTIANA REFORMADA - siglo XVI
7. La educación REALISTA - siglo XVII en adelante (Comenio)
8. La educación RACIONALISTA Y NATURALISTA - sigloXVIII (Rosseau y Pestalozzi)
9. La educación NACIONAL-siglo XIX (escuela primaria universal)
10. La educación DEMOCRATICA - siglo XX (mayor educación a mayor número de personas)[1]

¿Cuál es la importancia de analizar la educación en tiempos antiguos? Nos dice el autor Peter Person:

> Una breve reseña de la educación religiosa entre los pueblos antiguos, primitivos, y civilizados nos ayudará para apreciar las características de la educación cristiana evangélica moderna."[2]

LA EDUCACIÓN EN TIEMPOS ANTIGUOS

Es importante notar que entre los pueblos primitivos no había una educación sistematizada, pero a pesar de esto, existían tradiciones y prohibiciones que controlaban su comportamiento. No había para ellos una separación entre lo sagrado y lo secular; toda su educación era religiosa. Los brujos y sacerdotes formaban parte importante en la preservación y transmisión de estas costumbres y tradiciones. Aunque no tenían libros, preservaban la historia de la tribu, y lo hacían a través de sus danzas dramatizadas.

1. LUZURIAGA, Lorenzo: *HISTORIA DE LA EDUCACIÓN Y DE LA PEDAGOGIA*, páginas 15 y 16
2. PERSON, Peter: *INTRODUCTION TO CHRISTIAN EDUCATION*, p. 17

Ubicándonos en el tiempo de las grandes civilizaciones antiguas orientales, encontramos que ya estos pueblos poseían una organización política, una composición de clases sociales, y como elemento determinante tiene lugar el surgimiento de la *escritura*.

Al comparar la educación en China, India, Egipto y Persia, encontramos algunos elementos de similitud entre estas culturas. La educación hasta los siete años se realizaba en la casa paterna. Luego los niños ingresaban a la escuela donde permanecían hasta los 17 años y a veces hasta los 20.

El contenido de las enseñanzas variaba conforme a la cultura. Por ejemplo, la educación en China tenía como base las enseñanzas de Confucio que preparaban sobre la moral, el deber, la conducta en la vida, etc. Se estudiaba el complicado alfabeto chino, aritmética y la agronomía.

En la educación de la India la enseñanza era netamente religiosa y preparaba para la vida venidera, después de la tumba.

En Persia había educación militar especial además de la educación para los sacerdotes. Estos últimos estudiaban astrología, adivinación, medicina y leyes.

En Egipto la enseñanza incluía lectura, escritura, el cálculo y a veces geometría.

Libros de texto

En las grandes civilizaciones antiguas se emplearon libros de texto para hacer posible la educación.

En China se usaban los libros de Confucio, en especial los cinco libros conocidos como LOS CLASICOS.

En la India los libros sagrados eran los denominados VEDA.

En Persia sus doctrinas se preservaban en la literatura sagrada, contenida en el ZEND-AVESTA que contenía leyes, narrativas, rituales e himnos.

En Egipto se usó como libro de lectura (entre otros) la conocida DOCTRINA DE LA SABIDURÍA, atribuida a Ptahotep (2600 a.C.) Este libro es considerado como el primer libro pedagógico que se conoce.

Método de enseñanza: memorizaje

Los métodos de enseñanza utilizados en civilizaciones antiguas y la disciplina era muy rigurosa. Para lograr una posición en el gobierno había que aprobar un examen que consistía en repetir de memoria los CLASICOS. De este modo ellos preservaban el pasado, pero sin lograr desarrollar una preparación para el futuro.

En la India había que memorizar parte del contenido de los libros sagrados, LOS VEDAS.

¿Quiénes podían estudiar?

En China la masa del pueblo tenía una educación elemental de lectura y otras enseñanzas básicas. Los funcionarios mandarines recibían educación superior más completa.

En la India la educación era solamente para las clases altas compuestas de sacerdotes, maestros y líderes. El 95% del pueblo sólo tenía educación a un nivel muy limitado.

En Egipto había escuelas elementales para el pueblo y escuelas superiores para los hijos de los funcionarios.

La educación clásica

Pasando a la educación denominada CLASICA, que tuvo su asiento en Grecia y Roma, vemos que allí también se enseñaba al niño en su hogar hasta los siete años, y luego hasta los 20 años la educación la realizaba directamente el Estado. Se considera que la pedagogía tiene su origen en Grecia, ya que es allí donde originalmente se comenzó a meditar acerca de la educación. La misma palabra "pedagogía" surgió allí, al igual que todas las ideas pedagógicas.[3]

LA EDUCACIÓN EN TIEMPOS DEL ANTIGUO TESTAMENTO

Desde los días de Adán y Eva, hubo comunicación y enseñanza acerca de las cosas de Dios. Caín y Abel, al hacer sacrificios dedicados a Dios, dan una muestra clara de que habían recibido enseñanza religiosa. A continuación estudiaremos cronológicamente el desarrollo de la educación antiguo-testamentaria.

La Educación en Tiempos de los Patriarcas

Según las investigaciones realizadas, existieron escuelas en la ciudad en que Abraham pasó su juventud, o sea que él venía de una ciudad muy civilizada.

El patriarca Abraham, el padre del pueblo hebreo, fue llamado por Dios a salir de Ur de los Caldeos, una ciudad grande y con una civilización avanzada, para formar un nuevo pueblo, el pueblo de Dios. Dios prometió grandes bendiciones a Abraham. ¿Por qué? Dijo Dios "Porque yo sé que mandará a sus hijos y a su casa

3. LUZURIAGA, Lorenzo: HISTORIA DE... ibid. p. 47 y 53

después de sí, que guarden el camino de Jehová..."[4]

Abraham tenía una relación íntima con Dios y tomó la responsabilidad de enseñar a su familia de las cosas de Dios. Con Abraham se destaca algo que hasta hoy es una lección muy importante: que los padres deben enseñar a sus hijos de Dios. Vemos aquí también que la familia es la principal unidad educacional.

La Educación en Tiempos de Moisés

Durante 400 años de cautiverio en Egipto, los israelitas mantuvieron su cultura y su vida religiosa, la cual era muy diferente de la de los egipcios. Sin embargo, notamos que había decaído mucho su fe personal en Dios ya que cuando Moisés se levantó como líder para llevarles a la libertad, no supieron cooperar con él y durante el tiempo de peregrinaje hacia la tierra de Canaán, mostraron que en su vida espiritual faltaba mucha educación y formación.

Con Moisés comenzó la práctica de los judíos de reunirse regularmente para el estudio de las leyes y de los profetas. Había mandado Dios:

> "Harás congregar al pueblo, varones y mujeres y niños, y tus extranjeros que estuvieren en tus ciudades, para que oigan y aprendan, y teman a Jehová vuestro Dios, y cuiden de cumplir todas las palabras de esta ley." [5]

Es interesante notar que Moisés mismo fue un hombre muy educado ya que en Hechos 7:22-23, dice:

---

4. Génesis 18:19
5. Deuteronomio 31:12

"Y fue enseñado Moisés en toda la sabiduría de los egipcios; y era poderoso en sus palabras y obras. Cuando hubo cumplido la edad de cuarenta años, le vino al corazón el visitar a sus hermanos, los hijos de Israel."

La tradición nos dice que Moisés concurrió a la escuela del templo del Sol en Heliápolis. Allí aprendió aritmética, cálculo y agrimensura. Debe haber tenido una cultura amplia de acuerdo con las normas que prevalecían en el Egipto antiguo. Moisés fue un líder muy instruido que a su vez dedicaba tiempo para instruir a su pueblo. Su suegro le aconsejó:

"Y enseña a ellos (al pueblo) las ordenanzas y las leyes, y muéstrales el camino por donde deben andar, y lo que han de hacer."[6]

Aunque Moisés enseñaba personalmente al pueblo, él puso especial interés en que se desarrollara la educación en los hogares. Enfatizó que los padres amen a Dios con todo corazón, alma y fuerzas, y que guarden los mandamientos, estatutos y decretos de Dios. La obligación de educar a la juventud había sido delegada por la ley mosaica a los padres hebreos. El hogar debía ser la escuela y los padres eran los maestros. El reglamento dice así:

"Y las repetirás a tus hijos, y hablarás de ellas estando en tu casa, y andando por el camino, y al acostarte, y cuando te levantes. Y las atarás como una señal en tu mano, y estarán como frontales entre tus ojos; y las escribirás en los postes de tu casa, y en tus puertas."[7]

6. Éxodo 18:20
7. Deuteronomio 6:7-9

Es evidente que esta clase de enseñanza en los hogares no era un devocional diario de unos cuantos minutos con toda la familia, sino instrucción continua desde muy temprano en la mañana, hasta tarde por la noche.

No tenían muchos libros y por eso adoptaron métodos prácticos en su enseñanza. Escribían pasajes de la ley de Dios en distintas partes de sus vestidos, además de escribirlos en los postes de las cosas y en sus portales.

Luego de 40 años de viaje por el desierto, ya cerca del río Jordán en Canaán, Moisés juntó al pueblo y les instruyó sobre muchas cosas, las cuales están en el libro de Deuteronomio, que significa "repetición de la ley". Dice en Deuteronomio 1:1 "Estas son las palabras que habló Moisés a todo Israel a este lado del Jordán..."

La Educación en tiempos de los Reyes

De un rey a otro variaba mucho la situación espiritual del pueblo, primeramente del pueblo unido bajo los reyes Saúl, David y Salomón; y luego bajo los reinos divididos de Judá e Israel.

Durante el tiempo de los reyes, había sacerdotes y profetas enviados por Dios para impartir enseñanza al pueblo. Sin embargo, los sacerdotes en su mayoría no estaban cumpliendo con su función para la que estaban llamados. Entonces Dios utilizó a los profetas, comenzando con Samuel, para ayudar a corregir la lamentable situación espiritual del pueblo. "Es por él que surgen las escuelas de los profetas. En estas escuelas los alumnos estudiaban la ley... las mismas tenían tanto éxito que desde Samuel hasta Malaquías no faltaban hombres para mantener la sucesión de maestros oficiales."[8]

---

8. LOVO SUAREZ, Hilda: Tesis: *UN VISTAZO GENERAL A LA HISTORIA DE LA EDUCACIÓN RELIGIOSA*. p. 6

En 2 Reyes capítulo 4 y 6 encontramos al profeta Eliseo que tiene consigo a un grupo de hijos de los profetas que vivían juntos y Eliseo era su líder. Pero a pesar de los profetas, el pueblo siguió decaído espiritualmente.

El sabio rey Salomón escribió Los Proverbios dando instrucción práctica sobre la crianza y la enseñanza de los hijos. Salomón enfatiza la instrucción en el hogar cuando dice, "Oye, hijo mío, la instrucción de tu padre y no desprecies la dirección de tu madre."[9]

Aquí especifica que no sólo el padre debe enseñar a los hijos sino también la madre. En otra porción aclara que la edad de instruir al niño es cuando de veras es niño. "Instruye al niño en su camino, y aún cuando fuere viejo no se apartará de él."[10]

Asa fue otro rey de Judá que promovió un avivamiento de enseñanza religiosa en su reinado entre los años 926 y 886 a.C.[11] El profeta Azarías habló al rey Asa explicándole el porqué de la lamentable situación que vivía Judá:

> "Muchos días ha estado Israel sin verdadero Dios y sin sacerdote que enseñara, y sin ley."[12]

Sin la enseñanza de las cosas de Dios, el pueblo decaía en todo sentido, y perdía la bendición de Dios sobre su vida.

Durante el tiempo del rey Josafat de Judá hubo un avivamiento que influenció al pueblo judío en su totalidad. Como individuo Josafat buscó a Dios con todo su

---

9. Proverbios 1:8
10. Proverbios 22:6
11. REESE, C. Edward (editor) *CRONOLOGICAL BIBLE* Ed. Gaddy Pub. Nashville, Tennesse. 1977.
12. 2 Crónicas 15:3

corazón y Dios se agradó de él. Pero además Josafat quiso que su pueblo creciera en el conocimiento de Dios. Para esto consiguió la ayuda de sus príncipes, algunos levitas y los sacerdotes quienes "enseñaron en Judá, teniendo consigo el libro de la ley de Jehová y recorrieron todas las ciudades de Judá enseñando al pueblo."[13] Esto sucedió en el tercer año de su reinado cuando Josafat tenía 38 años. Fueron 5 príncipes, 9 levitas y 2 sacerdotes los que participaron en este programa de enseñanza de la Palabra de Dios. Como resultado de su interés por enseñar a su pueblo, Dios bendijo grandemente a Josafat, venciendo a sus enemigos y properándolos en todo.

Transcurrieron algunos años en los cuales el pueblo de Judá dejó a su Dios, y tuvo varios reyes quienes dañaron la casa de Jehová y la enseñanza espiritual allí se limitó mucho, por no decir que se estancó.

Se levantó entonces un nuevo rey, el rey Josías, el niño rey que a los ocho años comenzó a reinar. A la edad de 16 años comenzó a buscar al Dios de David su padre, y a la edad de 20, comenzó a limpiar a Judá y a Jerusalén de los lugares de adoración de ídolos. A los 26 años comenzó a reparar la casa de Jehová su Dios. Fue aquí cuando sucedió algo tremendo, porque "el sacerdote Hilcías halló el libro de la ley de Jehová dada por medio de Moisés".[14] Eso fue un gran descubrimiento y como resultado, "subió el rey a la casa de Jehová y con él todos los varones de Judá y los moradores de Jerusalén, los sacerdotes, los levitas y todo el pueblo desde el mayor hasta el más pequeño y leyó a oídos de ellos todas las palabras del libro del pacto que había sido hallado en la casa de Jehová. Y estando el rey en pie en un sitio, hizo delante de Jehová

---

13. 2 Crónicas 17:9
14. 2 Crónicas 34:14, 30, 31; 35:3

pacto de caminar en pos de Jehová".[14] No sólo leyeron sino que obedecieron la palabra de Dios, y "los levitas que enseñaban a todo Israel y que estaban dedicados a Jehová"[14] cooperaron en este avivamiento también.

La Educación en Tiempos del Exilio (586-516 a.C.)

Pasaron algunos años y el pueblo de Israel fue llevado a cautiverio por su rebelión contra Dios, y luego Judá también, porque rechazó la Palabra de Dios. En 603 a.C. el rey Joacim de Judá expresó su despecio a la Palabra de Dios quemando el rollo sagrado que el profeta le había enviado para que corrigiera su mal camino y se volviera a Dios.[15]

Los reyes después de Joacim fueron aún peores, y luego Nabucodonosor los llevó cautivos a Babilonia por setenta años. Fue durante este período de tiempo que al fin reconocieron su pecado y se arrepintieron, tornándose a Dios. Como no tenían un templo donde adorar a su Dios, surgieron las sinagogas, las cuales servían como lugar de instrucción y de adoración. "Se impartieron clases diarias para los niños los días sábados y en días de mercado había servicios especiales para los adultos."[16]

Junto con las sinagogas se fue desarrollando un grupo de líderes religiosos que se llamaron los ESCRIBAS. Ellos copiaban la ley de Dios, la interpretaban y también la enseñaban. En esta época, Isaías, Jeremías, Daniel y Ezequiel son ya los profetas, los inspirados de la educación y cultura hebreas.

---

15. Jeremías 36:1-32
16. PERSON, Peter. *INTRODUCTION TO CHRISTIAN EDUCATION*. Baker Book House, Grand Rapids, Mich. 1958. p. 23

La Educación en tiempos del Post-Exilio (516 a.C. hasta Jesús)

Luego que aprendieron su lección, Dios tuvo misericordia del pueblo de Judá en Babilonia. Bajo el permiso de varios reyes y emperadores, empezaron a volver a su patria en grandes grupos. El retorno del destierro, cambia el carácter del pueblo y su educación.

Esdras y Nehemías son personajes destacados durante esta época; Nehemías como gobernador y Esdras como sacerdote y como escriba[17] que habían subido de Babilonia juntamente con los exiliados.

En una oportunidad, se juntaron todos los adultos, hombres y mujeres, y todos los que podían entender y Esdras lee en voz alta la Palabra de Dios desde la madrugada hasta el mediodía. Esdras usó un púlpito para esa ocasión y junto a él estaban trece hombres. Los levitas hacían entender al pueblo la ley y el pueblo estaba atento en su lugar. En la porción de Nehemías capítulo 8, explica que no fue sólo un ritual mecánico y aburrido, sino que "leían en el libro de la ley de Dios claramente y ponían el sentido de modo que entendiesen la lectura." Luego, vemos que al día siguiente un grupo de líderes del pueblo se juntan para entender las palabras de la ley (versículo 13). Y no sólo quisieron entender las escrituras, sino que los encontramos practicando un mandamiento que allí encontraron escrito, sobre la celebración de la Fiesta de los Tabernáculos. Y la lectura de las Escrituras no terminó con un día sino que "leyó Esdras en el libro de la ley de Dios cada día, desde el primer día hasta el último..."[18] Esto es educación religiosa, esta es la educación que cambia la vida y que realmente nos acerca a Dios.

---

17. Nehemías 8:1-2
18. Nehemías 8:18

De aquí en adelante, se amplía y se extiende la educación religiosa, desarrollando en Jerusalén muchas sinagogas. Se dice que había más de cuatrocientas sinagogas solamente en Jerusalén. Se acostumbró a levantar una sinagoga en toda comunidad donde vivían judíos. Era prohibido para un judío vivir en un lugar donde no había sinagoga. Es verdad que había un solo templo, pero había muchas sinagogas.

Tuvo lugar así la formación de los RABINOS, que eran los maestros o profesores de este pueblo. El pueblo judío tenía en alta estima a estos hombres porque velaban por la vida espiritual del pueblo. Eran conocidos como doctores, maestros, lectores y abogados.

Se concretaron con el tiempo varias instituciones de enseñanza entre los judíos. En la sinagoga, había enseñanza, oraciones, lectura de las escrituras y la interpretación de porciones bíblicas.[19] Se desarrolló la primera escuela primaria judía la cual proveyó enseñanza para niños varones comprendidos entre las edades de seis y dieciséis años.

Los maestros o escribas no tenían más de 25 alumnos por clase. Estos maestros enseñaban sin pago, ganando lo que necesitaban para vivir por otros medios. El propósito principal de estas escuelas era llegar a conocer las Sagradas Escrituras y memorizar largas prociones de ellas. También había lectura, escritura y arritmética en estas escuelas. Las mismas se llamaban BETH HASSPHER (Casa del Libro) y se calcula que se originaron entre los años 75 a.C. y 64 d.C. Es posible que Jesucristo haya asistido a una de estas escuelas.[20]

Además de la escuela "primaria", había una escuela secundaria, llamada: BETH HAMIDRASH (Casa de Estudio), donde se estudiaba y memorizaba la inter-

---

19. LOTZ, Philip H. *ORIENTATION IN RELIGIOUS EDUCATION.* Abindon-Cokesbury Press. Nashville, Tennesse, 1950. p. 14
20. LOTZ, Philip H. ibid. p. 14

pretación de la ley. Es posible que éstas se hayan originado antes que las escuelas primarias, pero las enseñanzas se transmitían oralmente (y con gran precisión), hasta 190 años D.C., cuando fueron escritas. Quizás Jesucristo haya asistido a esta clase de escuela secundaria.[21]

Había una tercera clase de escuela, conocida como la ACADEMIA. En ella el nivel de enseñanza era más alto. Allí se combinaban funciones que hoy definiríamos como instituto de investigación, universidad, escuela teológica y corte suprema.[22]

LA EDUCACIÓN EN TIEMPOS DEL NUEVO TESTAMENTO

La Educación en Tiempos de Jesucristo

Durante el tiempo del Nuevo Testamento, los rabíes habían alcanzado una posición muy alta dentro del marco de la educación religiosa. Las sinagogas también se habían multiplicado. Esto se debía a que estaban dando el primer lugar a la instrucción. Sin embargo, "durante el período intertestamentario, parece que la educación perdió mucho su carácter dinámico y tendió a constituirse en un conjunto de preceptos que se cumplían mecánicamente."[23]

En este período se daba más énfasis a lo externo que a lo interno de la experiencia religiosa. Los fariseos fueron una secta muy estricta en la Ley de Dios. Eran

---

21. LOTZ, Philip H. ibid. p. 14
22. LOTZ, Philip H. ibid. p. 14
23. CAMPOS, Julia. *HISTORIA Y FILOSOFIA DE LA EDUCACIÓN CRISTIANA*. Seminario Bíblico Latinoamericano. San José, Costa Rica, 1977. p. 9

doctores de la ley pero no recordaban que la ley de Dios primero tenía que estar en el corazón y luego puesta en práctica en la vida diaria.

En esta época, la educación judía se dividía en dos niveles. En el primero, estudiaban los alumnos hasta los quince años, estudiando la ley hebrea (escrita y oralmente). En el segundo período, estudiaban en la escuela profesional de Jerusalén. Se cree que Jesús estudió en la primera escuela pero no en la segunda.[24]

Así era la situación cuando llegó Jesús al mundo. Se crió en Nazaret, el supuesto hijo de José el carpintero (pero siendo el Hijo de Dios). En Marcos 6:3, dice: "¿No es este el carpintero, hijo de María...?"

La gente se admiraba de sus enseñanzas, nunca imaginando que una persona, con su educación quizás limitada, pudiera hablar con tanta sabiduría.

Es interesante notar que Jesús nunca fue llamado predicador sino siempre le llamaron maestro o rabí. Esto se debió a que su ministerio tenía gran énfasis en la enseñanza. En Juan 1:38 encontramos a dos de los discípulos de Juan el Bautista siguiendo a Jesús en los comienzos de su ministerio y ellos le dijeron: "Rabí, (que traducido es maestro) ¿dónde moras?".

Llama también la atención el caso cuando un fariseo llamado Nicodemo, al llegar a verle le dijo: "Rabí, sabemos que has venido de Dios como maestro; porque nadie puede hacer esas señales que tú haces, si no está Dios con él."[25] Luego, Jesús le refiere a Nicodemo como maestro también, pero poseyendo un limitado conocimiento de ciertas cosas.

Por lo menos alrededor de cuarenta y cinco veces Jesús es llamado maestro. Jesús tenía autoridad al

---

24. TAYLOR, Willard H. *ASÍ ENSEÑÓ JESUCRISTO*. Casa Nazarena de Publicaciones. Kansas City, MO 1972. p. 22
25. Juan 3:2, 10

enseñar, lo cual era resultado de una correspondencia perfecta entre sus ideas y su vida. Lo que decía era la expresión verbal de lo que era.[26] Cuando en una ocasión subió a la fiesta de Jerusalén y enseñaba en el templo, los judíos decían: "¿Cómo sabe éste letras, sin haber estudiado? Y se maravillaban los judíos."[27]

No siempre enseñaba cosas fáciles y agradables. Cuando enseñó en Capernaum acerca de comer su carne y beber su sangre, muchos decían que la palabra era dura y dejaron de seguirle. Pero sus discípulos quedaron con él, aun no comprendiendo todo, porque Jesús tenía palabras de vida eterna.[28]

Jesús enseñaba de manera diferente a la de los fariseos y demás maestros en Israel. El no estaba sujeto a ninguna rutina ni sistema. Variaba su método según la situación. Siempre enseñaba cosas básicas para la vida dejando a un lado las cosas secundarias o incidentales, las teorías vacías y poco prácticas. Asimismo, el énfasis del Señor Jesús fue diferente porque no buscó enseñar a las grandes masas. El prefirió el trato personal con los individuos y la enseñanza especial para ellos.

Jesús enseñaba en diferentes lugares. No sólo enseñaba en el templo o en las sinagogas, sino enseñaba en un barco a la orilla del Mar de Galilea, sentado a la orilla de un pozo, en una casa, en un monte con una multitud, andando por los caminos mientras platicaba con quienes le acompañaban.

Toda ocasión era una oportunidad para para enseñar. Toda ocasión era una oportunidad para llenar la necesidad de las personas.

Jesús no fue un maestro monótono. Variaba sus

---

26. MACKAY, Juan A. *MAS YO OS DIGO*. Casa Bautista de Publicaciones. El Paso, Texas. 1966. p. 17 y 18
27. Juan 7:14-16
28. Juan 6:59-68

métodos. Usaba las preguntas y respuestas, conferencias, historias (parábolas), conversaciones, discusiones, dramatizaciones, lecciones objetivas, proyectos y demostraciones.[29] Usaba también el lenguaje figurado, las anologías y las comparaciones que a veces hacían más claro el mensaje, pero a veces dejaban a sus oyentes pensativos por los enigmático del mensaje.[30]

"Una de las características de la enseñanza de Cristo que alarmó mucho a los rabíes judaicos fue su abandono del tradicionalismo basado en el sistema de conferencias en la sinagoga. Nuestro Señor se valía de casi toda clase imaginable de técnicas de enseñanza para facilitar el proceso de la comunicación. Tenía un dominio absoluto en el arte de mantener el interés."[31]

Como relatador de Jesús como maestro se refleja de manera particular en su relación con los discípulos, sus doce fieles seguidores. Con ellos desarrolló un tipo de trabajo similar al de un instituto bíblico, pero sin aulas ni horarios. No tenía tampoco un currículo definido o sistematizado. Era una educación o preparación a través de estar en su compañía, vivir con Jesucristo, verle actuando, y salir a poner en práctica lo que aprendieron durante tres años.

Es interesante tomar en cuenta que Jesús, al escoger a sus discípulos, no tuvo en mente las condiciones que tenían, sino sus futuras posibilidades. El pudo percibir lo que ellos llegarían a ser, como resultado de una enseñanza adecuada y el poder del Espíritu Santo.

La relación de Jesús con los niños fue tan amplia que llamó mucho la atención de los demás. Ellos consideraban que los niños carecían de importancia, y

---

29. PRICE, J.M.: *JESÚS EL MAESTRO.* p. 26
30. PARILLA, Luis: *DIVERSOS MÉTODOS DE ENSEÑANZA EMPLEADOS POR LA IGLESIA PRIMITIVA.* p. 70
31. BENSON, C.H.: *EL ARTE DE ENSEÑAR.* p. 9

que el gran Maestro Jesús no podía perder su tiempo prestándoles atención.[32] Esa era la mentalidad del mundo judío y greco-romano de la época. Sin embargo, a pesar de todos estos criterios, Jesús puso mucho énfasis en el valor de los niños, y dijo que todos debiéramos tener las características de los niños para entrar al cielo

La Educación en Tiempos de los Apóstoles

Luego de que Jesús terminara su ministerio sobre la tierra, se fue al cielo y dejó en manos de sus discípulos la tarea de continuar la obra que El había comenzado. Los apóstoles no tenían una educación formal, al menos la mayoría de ellos, pero en el día de Pentecostés habían tenido una experiencia con el Espíritu Santo lo cual les dio un poder sobrenatural para obrar maravillas, y enseñar con autoridad de Cristo. (Hechos capítulo 2).

Jesús les dio un mandato muy claro en Mateo 28:19-20 diciéndoles: "Por tanto, id, y haced discípulos a todas las naciones, bautizándolos en el nombre del Padre y del Hijo y del Espíritu Santo; enseñándoles que guarden todas las cosas que os he mandado..." El hacer discípulos era enseñanza en una forma completa.

Así fue que los apóstoles desarrollaron un ministerio de enseñanza como nos relata el libro de los Hechos. Comenzaron a enseñar en el templo (Hechos 5:21 y 25), enseñaban en las casas (Hechos 5:42), enseñaban al pueblo (Hechos 4:2), enseñaban a las multitudes (Hechos 11:26). Independientemente de los apóstoles, hubo un joven llamado Saulo de Tarso quien fue a Jeru-

---

32. TRENCHARD, Ernesto: *EL NIÑO Y LA ESCUELA DOMINICAL.* Literatura Bíblica. Madrid, España 1966. p. 7

salén para principar su entrenamiento bajo el gran maestro Gamaliel. Pablo se graduó y vino a ser el típico rabí fariseo.

Luego de la muerte de Esteban, el primer mártir cristiano, Dios habló a Saulo de Tarso cuando iba camino de Damasco, Siria. La conversación de Saulo fue como una bomba de poder espiritual puesta en favor de la creciente iglesia cristinana. Pablo, cuyo nombre hebreo era Saulo, había recibido entrenamiento en la famosa escuela Hilel de Gamaliel para llegar a ser un rabí. Esta disciplina de la mente le capacitó para cristalizar la teología de la denominada: iglesia primitiva.[33]

Su gran capacidad intelectual y conocimiento fueron reconocidos por el rey Festo quien declaró: "Estás loco, Pablo; las muchas letras te vuelven loco".[34] Festo no podía comprender el evangelio, o no quería comprenderlo.

Pablo se unió a la causa del evangelio, haciendo innumerables viajes acompañado de otros apóstoles y discípulos, predicando y enseñando. En Antioquía Pablo y Bernabé enseñaban y predicaban la Palabra del Señor (Hechos 15:35). Luego de levantar iglesias en Asia Menor, iban luego para confirmar la obra a través de la enseñanza.

Pablo se quedó un año y seis meses en Corinto para enseñarles de Dios (Hechos 18:11). En Efeso, Pablo escogió algunos discípulos interesados, y les enseñó por dos años en la escuela de Tiranno. Parece que fue muy efectivo su trabajo porque a través de sus alumnos dice que toda Asia oyó de la Palabra del Señor, judíos y griegos (Hechos 19:9-10). En Efeso Pablo enseñaba públicamente y en las casas. (Hechos 20:20)

---

33. PERSON, Peter P.: *INTRODUCTION TO CHRISTIAN EDUCATION*. p. 24
34. Hechos 26:24

La enseñanza de Pablo tenía mucho impacto porque usó diferentes métodos tales como la discusión, argumentación y persuasión. (Hechos 17:2; 18:4 y 19:8) Se consideró a sí mismo como "predicador, apóstol y maestro" (2 Timoteo 1:11). Pablo, además, definió su trabajo como enseñanza (1 Corintios 4:17).

En la administración de la iglesia, Pablo reconoció a los maestros como de un grupo especial de líderes cristianos (1 Corintios 12:8 y Efesios 4:11).[35] La enseñanza de Pablo tenía gran impacto porque no sólo enseñaba, sino que preparaba a otros para enseñar. Dice 2 Timoteo 2:2 "Lo que has oído de mí ante muchos testigos, esto encarga a hombres fieles que sean idóneos para enseñar también a otros." Esto es como una cadena de enseñanza, la cual llegó a ser muy efectiva en la iglesia primitiva. Con el rápido crecimiento de la iglesia cristiana en el primer siglo, hubo necesidad de mucha enseñanza y Pablo desarrolló una heróica lucha por un cristianismo universal y no legalista. Debido a esto, se convirtieron al evangelio no sólo judíos sino también gentiles, quienes no habían recibido ningún tipo de enseñanza religiosa desde su niñez.

Para estos gentiles convertidos se desarrolló un método de enseñanza llamado catequístico que se basaba en un sistema de preguntas y respuestas. También fue usado mucho por los griegos este método, quienes tenían un avanzado desarrollo de la educación secular en esa época. A los que participaban en estas clases se les llamó catecúmenos.[36]

Para los judíos que se convertían, hubo otro sistema de enseñanza denominado interlocutorio basado en la instrucción que se daba en todo hogar judío.

---

35. SANNER, A. Elwood.: *EXPLORING CHRISTIAN EDUCATION.* Beacon Hill Press. Kansas City, MO. 1978 p. 43

36. LOVO SUAREZ, Hilda: *UN VISTAZO GENERAL A LA HISTORIA DE LA EDUCACIÓN RELIGIOSA* (tesis) SETECA Guatemala 1970 p. 18 y 19

CUESTIONARIO

1. ¿Cuáles son las diferencias y similitudes de la enseñanza religiosa entre el pueblo judío y los demás pueblos en tiempos antiguos?

2. Nombre varias personas que fomentaron la enseñanza religiosa en tiempos del Antiguo Testamento y haga un resumen de lo que hicieron.

3 ¿Cuáles características se destacan en la vida de Jesucristo como el gran maestro?

4. ¿Qué clase de enseñanza fue llevado a cabo por los apóstoles en la iglesia primitiva?

2

LA EDUCACIÓN CRISTIANA EN TIEMPOS POST–BÍBLICOS

Durante el tiempo de los apóstoles hubo mucha persecución dirigida hacia la iglesia primitiva. Los líderes y misioneros sufrieron mucho al viajar y proclamar el mensaje del evangelio de Jesucristo resucitado.

Pero, paulatinamente, a medida que creció el grupo de cristianos en las ciudades, se produjo una mayor aceptación hacia los grupos cristianos. Esto trajo como consecuencia un crecimiento de los grupos y que se desarrollaran centros que influenciaron a Roma, Alejandría y Efeso. Los cristianos dejaron de ser pequeños grupos de gente insignificante. Se estaban convirtiendo personas muy educadas y de rango social reconocido. Esta situación provocó un cambio en los sistemas de educación religiosa que tenían los cristianos.[1]

---

1. SANNER, A. Elwood.: *EXPLORING CHRISTIAN EDUCATION*. Beacon Hill Press. Kansas City, MO 1978. p. 57

LA EDUCACIÓN CRISTIANA EN LOS PRIMEROS SIGLOS

Entre los años 150 y 450 d.C. abundaron las escuelas de catecúmenos que se dedicaban a la educación cristiana para adultos. Estas escuelas tenían tres propósitos esenciales:

a) Proveer un período de prueba moral donde se evaluaba la sinceridad del candidato.
b) Dar instrucción basada en la Biblia y las doctrinas de la iglesia.
c) Admitir al candidato a una comunión cristiana genuina pero limitada mientras se preparaba para el bautismo.[2]

Los alumnos se agrupaban en tres grados o clases en estas escuelas de Catecúmenos. En la primera clase eran OYENTES de los sermones y de la lectura de las escrituras. En la segunda clase o nivel eran ALUMNOS que se arrodillaban para orar. En el tercer nivel eran los ESCOGIDOS o candidatos para el bautismo.[3]

Entre los tres niveles de preparación había un período de dos o tres años, el que luego se extendió a cuatro años.[4] En estas escuelas se usaban como libros de texto copias del Antiguo Testamento escritas a mano, los evangelios, cartas de los apóstoles, "El Didache" y el "Pastor de Hermas". El Didache era una colección de creencias fundamentales de la fe cristiana son sugerencias para la instrucción.[5]

---

2. LOTZ, Philip H. *ORIENTATION IN RELIGIOUS EDUCATION* p.16
3. PERSON, Peter P. *INTRODUCTION TO CHRISTIAN EDUCATION* p. 25
4. PERSON, Peter P. ibid. p. 2
5. SANNER, A. Elwood: *EXPLORING CHRISTIAN EDUCATION* p. 57

En los primeros siglos, se preparó a futuros líderes de la iglesia en escuelas teológicas llamadas ESCUELAS CATEDRALES. Su nombre se originó del hecho de usar las catedrales para impartir las clases. Había una escuela de estas para cada distrito del Imperio Romano bajo la dirección de un obispo.[6] Luego, posteriormente a las escuelas Catecúmenos, se levantó otra clase de escuela pero a un nivel más alto, para llenar una necesidad de los muchos educados que se estaban convirtiendo. Con este propósito se abrió la escuela de catequista de Alejandría, en Egipto en el año 179, por *PANTENEUS*, filósofo griego convertido al cristianismo. En esta escuela se daba enseñanza religiosa desde un punto de vista superior, enciclopédico y teológico a la vez. Esta escuela llegó a convertirse en el centro de la cultura religiosa y sacerdotal más importante de su época.[7]

CLEMENTE de Alejandría (150-215) fue otro filósofo griego que se convirtió al cristianismo y luego de Panteneus llegó a ser rector de la Escuela de Alejandría. Clemente escribió el primer tratado cristiano de educación: EL PEDAGOGO.[8]

ORIGENES (185-254) le sucedió a Clemente en la dirección de la Escuela de Alejandría. Era un hombre de mucha cultura y consideraba a la filosofía como la coronación del saber y el preámbulo para la doctrina religiosa.[9]

---

6. PERSON, Peter P. ibid. p. 26
7. LUZURIAGA, Lorenzo: *HISTORIA DE LA EDUCACIÓN Y DE LA PEDAGOGÍA* p. 79
8. LUZURIAGA, Lorenzo: *HISTORIA DE LA*... ibid. p. 81
9. LUZURIAGA, Lorenzo: ibid. p. 82

LA EDUCACIÓN CRISTIANA EN LA EDAD MEDIA

Durante la época medieval en que se produjo el obscurantismo, decayó la educación, decayó el fervor y entusiasmo de los cristianos de la época.

Hubo ingnorancia y desconocimiento en muchos de los clérigos. Con el énfasis en los sacramentos como medios esenciales de gracia, se descuidó la predicación y el conocimiento de las Escrituras.[10] La situación empeoró, considerándose que los años comprendidos entre 600 y 900, fueron los más oscuros de la Edad Media.[11] Sin embargo, entre las tinieblas hubo luces en algunos lugares para mantener viva la fe cristiana. Estas luces fueron algunas escuelas y monasterios que durante los primeros siglos medievales eran los únicos centros de cultura y educación.[12]

Fue bastante notorio que las grandes masas de la población quedaron excluidas de toda enseñanza, quedando solamente para los monásticos o clero el ser instruidos.

Uno de los personajes más destacados del siglo V fue *AURELIO AGUSTIN* (354-430) quien fue uno de los pensadores más importantes de todos los tiempos. Asimismo, Aurelio Agustín fue un poderoso líder educacional y teológico.[13]

Nació en Numidia, cerca de Cartago, en el Africa romanizada. Fue educado en la tradición helénica en la Escuela de Retórica de Cartago. Luego de ejercer cátedra en la Retórica de Roma, se dedicó a la religión,

---

10. SMART, James D: EL *MINISTERIO DOCENTE DE LA IGLESIA* p. 54
11. LUZURIAGA, Lorenzo. ibid. p. 88
12. LUZURIAGA, Lorenzo. ibid. p. 86
13. SANNER, A. Elwood: *EXPLORING CHRISTIAN EDUCATION* p. 61

siendo ordenado sacerdote y luego obispo de Hipona. Allí fundó una comunidad religiosa que se convirtió en un gran centro de cultura eclasiástica.[14] Fue en este lugar donde se ordenaron distinguidos sacerdotes y obispos.

Otro personaje destacado durante la Edad Media fue *SAN BENITO de Nursia* (480 a 543). San Benito es el fundador de la orden benedictina y del monasterio de Monte Casino en el sur de Italia.[15]

En 529, el año del edicto de Justiniano, Benito dejó la corrupción de Roma y estableció un monasterio en el sur de Italia. Benito planificó para sus seguidores siete horas de trabajo manual y dos horas de lectura y meditación diarias. Esto significaba que los jóvenes que se adhirieran a la orden tenían que aprender a leer y escribir. Así nació la escuela monástica. Su propósito específico era el de enseñar a los novicios una educación elemental. Esta nueva norma educacional dominó a todo el monasticismo occidental durante la Edad Media. Influenció, además, la Reforma en Francia y preparó el camino para la conversión de países como Inglaterra y Alemania.

Su práctica de preservar y reproducir antiguos manuscritos mantuvo con vida la literatura y el interés por aprender en una época cuando la mayor parte de la iglesia puso importancia mínima en ello.[16]

Un tercer personaje destacado de la Edad Media fue *SANTO TOMÁS DE AQUINO* (1125-1274 d.C.), cuyo pensamiento ha influido decisivamente en toda la pedagogía católica desde la Edad Media hasta nuestros

---

14. LUZURIAGA, Lorenzo: ibid. p. 83
15. LUZURIAGA, Lorenzo. ibid. p. 83
16. SANNER, A. Elwood: *EXPLORING CHRISTIAN EDUCATION* p. 17
17. LUZURIAGA, Lorenzo: *HISTORIA DE LA EDUCACIÓN Y...* p. 97, 98

días.[17] La fe era más importante que la razón. Sin embargo, en el siglo XII se dio más énfasis a la razón en otras áreas y hubo maestros mendicantes que abrían escuelas enseñando a los alumnos que se juntaban. Estos promovieron la educación pero no tenían la bendición de la iglesia aunque fueron fieles a su doctrina.[18]

Casi a fines del siglo XII se establecieron UNIVERSIDADES en Europa, siendo centros para el estudio avanzado de las artes, la medicina, las leyes y la teología. Gran número de estudiantes asistieron a estas universidades. Muchos del clero eran hombres universitarios. De aquí en adelante, el estudio avanzado llegó a ser parte de la tradición en la educación cristiana.[19] La primera universidad europea fue la Escuela de Medicina de Salerno, Italia. La universidad fue una creación netamente medieval, sin embargo, realmente surgió como un desarrollo de las escuelas para maestros.

LA EDUCACIÓN CRISTIANA EN LA ÉPOCA DE LA REFORMA (siglo XIV al XVI)

Luego de los años oscuros de la Edad Media, surge una nueva época que se llama Renacimiento y con ella, en el siglo XV, comienza una nueva etapa con la educación humanista, lo cual es el antecedente de la educación moderna. Se debe notar que el Renacimiento no es sólo una resurrección del pasado, de la educación clásica, sino que es algo totalmente nuevo.[20]

Otro factor que influenció mucho el desarrollo y

18. SANNER, A. Elwood: *EXPLORING CHRISTIAN EDUCATION* p. 65
19. LOTZ, Philip H. *ORIENTATION IN...* p. 17
20. LUZURIAGA, Lorenzo: ibid. p. 99

renovación de la educación fue la invención de la imprenta. De esta manera todo el mundo de elementos educacionales estaban disponibles.[21]

DESIDERIUS ERASMO, (1467-1536) fue el más grande de los humanistas y el más importante de los pensadores del Renacimiento nórdico. Nació en Holanda pero vivió y trabajó en los principales países de Europa como Francia, Inglaterra, Italia y Suiza.[22]

Erasmo fue un amante de la iglesia y de la Biblia. Insistió en afirmar que el propósito más exaltado de la iglesia era el de obtener conocimiento de la cristiandad sencilla y pura de la Biblia. El creyó necesario entonces volver a los manuscristos griegos para obtener este conocimiento.[23] Es difícil resumir toda la labor educativa y pedagógica de Erasmo ya que en todos los países donde vivió fue erudito, sabio y profesor. Pero sobre todo, fue un estudioso y un investigador en todos los campos del saber, especialmente en la educación.[24]

MARTIN LUTERO (1483-1546) fue el inspirador principal de la Reforma religiosa del siglo XVI y contemporáneo de Erasmo. Era un monje agustino que al estudiar las escrituras minuciosamente, quedó descontento con las prácticas no bíblicas prevalecientes en la época. En 1517 clavó sus famosas 95 tesis en la puerta de la iglesia en las cuales defendía sus ideas reformadoras. Fue excomulgado, y así dio comienzo a la iglesia protestante dividiendo a Europa en dos grandes campos antagónicos: el católico y el protestante.[25]

Las iglesias de la Reforma restituyeron la predicación de la Palabra de Dios al centro de adoración, restituye-

---

21. SANNER, A. Elwood: *EXPLORING CHRISTIAN EDUCATION* p.69
22. LUZURIAGA, Lorenzo: *HISTORIA DE LA* ... p. 104
23. SANNER, A. Elwood: ibid. p. 70
24. LUZURIAGA, Lorenzo. ibid. p. 105
25. LUZURIADA, Lorenzo. ibid. p. 119

ron la instrucción catequística antes de la confirmación, y restituyeron el deber de cada padre de instruir a los de su familia en la Biblia.[26]

Todo esto trajo un cambio radical en la educación porque si el público tenía que usar la Biblia como autoridad, entonces cada individuo tenía que poder leerla. La Biblia, escrita originalmente en hebreo, arameo, griego, y posteriormente traducida al latín, no estaba al alcance del pueblo sino solamente a los eruditos. Lutero entonces tradujo la Biblia al alemán. Sin embargo, no todos los alemanes podían leer. Esto hizo necesario que se establecieran escuelas públicas para que pudieran leer y comprender la Biblia y comprender la salvación.

IGNACIO LOYOLA (1495-1556), contemporáneo de Erasmo y Lutero, fue un soldado que dejó su carrera militar para establecer un grupo de hombres que empezarían a purificar la vida de la iglesia.[27]

Loyola, organizó una nueva orden, la COMPAÑIA DE JESÚS (o Jesuitas), bajo una estructura militar que demandó completa obediencia. Los Jesuitas llegaron a ser uno de los movimientos más poderosos de reforma en la iglesia Católica. Su modelo de educación religiosa ayudó a determinar el curso de la Iglesia Católica hasta hoy.[28] Vino a sustituir la acción de otras instituciones eclesiásticas ya en decadencia como las Escuelas Monásticas y Catedrales y, en cierto modo, los colegios de las Univerdidades, que en esta época eran decadentes también.[29]

Los alumnos recibían entrenamiento hasta pasar los veinte años de edad, cuando llegaban a ser maestros.

---

26. SMART, James D. *EL MINISTERIO DOCENTE DE...* p. 54
27. SMART, James D., ibid. p. 55
28. SANNER, A. Elwood: *EXPLORING CHRISTIAN EDUCATION* p. 70, 71
29. LUZURIAGA, Lorenzo. *HISTORIA DE LA...* p. 123

Entonces podían ser seleccionados para entrenamientos de carácter avanzado en alguna universidad jesuíta.[30] Loyola enfatizó la educación, pero ésta se limitaba a las personas en posición de liderazgo. Loyola sentía que si los líderes eran bien educados y disciplinados, las masas serían obedientes y no tendrían necesidad de la educación.[31]

LA EDUCACIÓN CRISTIANA EN LA ÉPOCA PEDAGÓGICA. siglos XVII al XVIII

JUAN AMÓS COMENIO (1592-1670) fue el más grande educador y pedagogo del siglo XVII y uno de los más grandes de la historia. Nació en Moravia, Austria, en una comunidad religiosa evangélica de los Hermanos Moravos. Hizo sus estudios universitarios en el país de Alemania.[32] Juan Amós Comenio fue llamado el primer educador moderno aunque vivió en el siglo XVII. Pudo alcanzar verdades educacionales más allá de su tiempo porque recibía luz de la Palabra de Dios y de la naturaleza misma.

Fue motivado a reformar las escuelas deficientes sabiendo que la buena educación podía subir el nivel de las masas. El fue uno de los primeros en usar libros de texto programados según la capacidad de los alumnos. Todas sus reformas se basaron en la experiencia y no sobre teorías.[33] En su famosa obra DIDACTICA MAGNA, expuso que su deseo era que se instruyera de tal modo que los maestros enseñaran menos pero que

---

30. PERSON, Peter P. *INTRODUCTION TO...* ibid. p. 26
31. SANNER, A. Elwood: *EXPLORING CHRISTIAN EDUCATION* p. 72
32. LUZURIAGA, Lorenzo. ibid. p. 142
33. LEBAR. Lois E., *EDUCATION THAT IS CHRISTIAN* p. 39

los alumnos aprendieran más; que en las escuelas hubiera menos ruido y labor inútil, más gozo y progreso sólido, a través del cual la comunidad cristiana tuviera menos oscuridad y perplejidad y disensión, más luz, orden, paz y descanso.[34] Para lograr todo esto, enfatizó la importancia de la experiencia a través de los sentidos, la imaginación, el aprender haciendo, práctica con propósito, y razonamiento en lugar de memorización. Tomó muy en cuenta el valor de grandes maestros y de recursos excelentes. En su libro de texto modelo usó lustraciones, motivación a través de la anticipación, procedimiento paso a paso, el ir de lo general a lo particular, y lenguaje adaptado al nivel del alumno según su edad.[35]

Comenio preparó el camino para los grandes cambios del siglo XVIII que ha sido llamado el siglo pedagógico. Los reyes, los pensadores y los políticos empezaron a considerar la importancia de la educación pública estatal y la educación nacional.

JUAN JACOBO ROSSEAU (1712-1778), nacido en Suiza de una familia protestante, fue una de las personalidades más salientes de la historia de la pedagogía. Sus ideas han influido mucho sobre la educación moderna. El dijo que había que estudiar al niño porque "no es sólo un hombre pequeño" como se acostumbraba creer.[36] Se interesó especialmente en la educación del niño y en la obra EMILIO expuso sus principios educativos sobre la importancia de la libre expresión del niño y su capacidad de aprender.[37]

---

34. LEBAR, Lois E., ibid. p. 42
35. SANNER, A. Elwood: *EXPLORING CHRISTIAN EDUCATION* p. 73-74
36. LUZURIAGA, Lorenzo *HISTORIA DE LA EDUCACIÓN*... p. 166, 168
37. SANCHEZ, Efraín *PSICOLOGIA EDUCATIVA* p. 54

EL DESARROLLO E INFLUENCIA DE LA ESCUELA DOMINICAL (1780 en adelante)

A mediados del siglo XVIII había una situación lamentable en Europa. Fue un tiempo de industrialización, con mucho énfasis en la producción en masa. Había mucha demanda para la labor de obreros y éstos no necesitaban de una educación para trabajar en las grandes fábricas de la época. Aún niños trabajaban largas horas en las fábricas, y no había quién se preocupara por la clase obrera que estaba, sin educación y sin futuro.[35]

Para esta época el desarrollo educativo motivado por la Reforma con Martín Lutero había perdido su fuerza e influencia, llegando a tener una forma escolástica, estática o disuelta por los ácidos del racionalismo.[39] Como resultado, la iglesia tradicional no se enfrentó con esta situación, sino que se quedó pasiva.

Pero en Inglaterra hubo dos hechos que ayudaron a frenar esta situación lamentable de las clases bajas. Por un lado hubo los grandes avivamientos bajo el impulso de Wesley y Whitefield en todos los distritos de Inglaterra; por el otro, la influencia de las Escuelas Dominicales. Los historiadores convienen en afirmar que estos dos factores salvaron a Gran Bretaña de sufrir disturbios similares a los de Revolución Francesa.[40] Veamos cómo se originó la escuela dominical.

ROBERTO RAIKES (1735-1811) era un periodista de alto rango social de Gloucester. Publicaba el Gloucester Journal, un diario con mucha popularidad. Era de la clase alta, vivía en un hogar lujoso y se vestía con ropas caras y aún extravagantes.[41] Este fue el hombre que dio

---

39. SMART, James D. *EL MINISTERIO DOCENTE DE*... p. 55
40. LUCE, Alice: *LA ESCUELA DOMINICAL Y SU IMPORTANCIA*. Casa Evangélica de Pub. San Antonio, TX. 1935 p. 11 y 12
41. SMART, James D. *EL MINISTERIO DOCENTE DE*... p. 55

comienzo a lo que hoy conocemos como la Escuela Dominical. Se multiplicaron rápidamente en toda Inglaterra y luego en todo el mundo.[42]

Hasta ese tiempo, nada adecuado se había hecho en Inglaterra para la educación de los niños de los hogares humildes, por lo tanto, el movimiento comenzado por Roberto Raikes se expandió rápidamente de ciudad en ciudad, y dio a millones de niños una oportunidad en la vida que nunca hubieran tenido de otra manera.[43]

En la ciudad industrial de Gloucester, Inglaterra, había vicio y crimen y se trataba de controlar esta situación con penas de prisión. Pero Raikes tomó interés en estos prisioneros dándoles comida, ropa y dinero. Sin embargo, no tardó en darse cuenta que sólo trataba los síntomas y no la causa del problema. Sólo los niños ricos de aquel tiempo tenían oportunidad de educarse. Los demás crecieron en la ignorancia y sin conocer de Dios. No había leyes de trabajo adecuadas en ese entonces, por eso aun los niños pequeños trabajaban en las fábricas de Gloucester.

Los domingos estos niños estaban deambulando por las calles para hacer maldad. Había iglesias pero no eran propiamente para los niños. Un día, Raikes conversaba con Sofía Cooke, una joven metodista, en un barrio pobre de la ciudad de Gloucester. Viendo a los niños sucios y viles llenando las calles, Raikes se volvió a Sofía y le dijo: "¿Qué haremos con estos niños pobres e ignorados?" Evidentemente la señorita Cooke ya había pensado acerca del asunto porque de inmediato respondió: "Enseñemos a estos niños a leer y escribir y llevémosles a la iglesia."[44]

---

42. LOREDO, I. *LOS JÓVENES Y LA ESCUELA DOMINICAL.* p. 9 y 10
43. SMART, James D. *EL MINISTERIO DOCENTE DE...* p. 55
44. PERSON, Peter P. *INTRODUCTION TO CHRISTIAN EDUCATION* p. 130 y 131

Roberto Raikes determinó, con la ayuda de Dios, hacer algo por la salvación de los niños de los barrios pobres, para rescatarlos de la vida de maldad y hacer de ellos ciudadanos buenos y honrados. Lo extraño es que Raikes estuviese solo en esa empresa tan benévola. Recibía burlas y oposición de su propia iglesia, la Iglesia Anglicana, porque ellos decían que profanaba el día domingo. Pero Raikes alquiló una casa en Gloucester y abrió la primera Escuela Dominical, en 1780.

Luego sus amigos le empezaron a llamar: Roby, "el ganso salvaje y su andrajoso regimiento". Estos niños andrajosos se reunían dos horas por la tarde para estudiar.[45]

Raikes usó su diario para reportar y recomendar las escuelas dominicales, ya que no sólo habían resultado externos de orden y aprendizaje, sino que había salvación de las almas de muchísimos niños a través de estas escuelas. Los artículos en el diario contribuían a los esfuerzos que se hacían y fueron imitados por otros periódicos de Inglaterra.[46]

Al tener éxito la primera escuela, Raikes alquiló otras casas y sucesivamente hasta tener varias de ellas. Los niños tenían entre seis y catorce años de edad. Se estaban cumpliendo los objetivos principales que eran: quitar a los niños de las calles los domingos, enseñarles a leer y escribir y llevarles el evangelio de Cristo.[47]

Luego de sólo cuatro años, las escuelas dominicales en Inglaterra llegaron a matricular a 250.000 alumnos.[48] En 1798 las escuelas dominicales empezaron a

---

45. LUCE, Alice: *LA ESCUELA DOMINICAL Y SU IMPORTANCIA*. p. 8 y 9
46. LUCE, Alice: *LA ESCUELA DOMINICAL Y SU IMPORTANCIA* p. 9, 10
47. PERSON, Peter P.: *INTRODUCTION TO...* p. 130-131
48. LOREDO, I.: *LOS JÓVENES Y LA ESCUELA DOMINICAL* p. 11 y 12

incluir a los jóvenes en su programa de enseñanza, reuniéndose los domingos de manaña.[49]

JUAN WESLEY, famoso evangelista y fundador del movimiento metodista, apoyó el movimiento de la escuela dominical y también desarrolló clases para niños en las sociedades metodistas que fundaba. Él enfatizó que los predicadores debieran tomar tiempo para enseñar a los niños y que era necesario que tomaran hasta dos horas por semana con ellos. Wesley, a veces, ministraba a los niños también. En 1786, él hablaba ya de tener una escuela con 550 niños.

Al morir Roberto Raikes en 1811, la asistencia en todas las escuelas había crecido a 400.000.[50]

Luego en Inglaterra se planificó un sistema de escuelas del Estado, y entonces la iglesia y los cristianos se dedicaron sólo a la instrucción espiritual de los alumnos de la escuela dominical. También se redujo las horas dedicadas a la escuela dominical.

GUILLERMO ELLIOTT en 1785 fundó las escuelas dominicales en los Estados Unidos de Norteamérica, siguiendo la forma y estilo de Raikes en Inglaterra. Elliot era un laico metodista quien abrió su propio hogar para la primera escuela dominical permanente.[51] Había varios esfuerzos para reunir a los niños los domingos para que recibieran instrucción religiosa en 1665 y 1674, pero no duraron.[52] Elliot enseñaba a los niños blancos en un horario y a los niños hijos de los esclavos en otro horario, todos los domingos. Otras personas empezaron a apoyar este movimiento comenzado en

---

49. ZUCK, Roy: *YOUTH EDUCATION IN THE CHURCH*. Moody Press. Chicago, Ilinois, U.S.A. 1978. p. 58

50. LUCE, Alice: *LA ESCUELA DOMINICAL Y SU IMPORTANCIA* p. 11

51. PERSON, Peter *P.: INTRODUCTION TO...* p. 132

52. PERSON, Peter P. ibid. p. 130

Virginia, y se llevó el movimiento a Filadelfia donde para el año 1800 había 2.000 alumnos registrados en las escuelas dominicales de allí.[53]

Durante la época colonial en América la instrucción religiosa había estado combinada con la educación secular en las escuelas de cada lugar. A medida que la educación pública se separó de la iglesia, los cristianos encontraron en la escuela dominical un instrumento listo para llevar adelante la instrucción espiritual.[54]

Se organizó la Unión Americana de Escuelas Dominicales, y se enviaron misioneros para abrir y establecer escuelas dominicales en las comunidades. Muchas veces eran las únicas agencias cristianas en algunos lugares. Luego crecieron hasta convertirse en iglesias. El propósito de estas escuelas dominicales era evangelizar mediante un programa educativo.[54]

De los muchos promotores en América, se destaca Esteban Paxson quien se convirtió al Señor en una escuela dominical donde asistía su hijita. Se reporta que él organizó 1.200 escuelas dominicales con una asistencia total de 83.000 alumnos. Viajaba a todas partes en su caballo desarrollando su buena obra.[55]

LA EDUCACIÓN CRISTIANA EN LOS SIGLOS XIX Y XX

En los siglos XIX y XX se ha visto una multiplicación de actividades para promover la educación cristiana. Éstas incluyen universidades cristianas, asociaciones de escuelas dominicales, movimientos juveniles, escue-

---

53. LUCE, Alice: ibid. p. 12
54. SMART, James D.: *EL MINISTERIO DOCENTE DE...* p. 57 y 58
55. PERSON, Peter P. *INTRODUCTION TO...* p. 134 y 135

las bíblicas de vacaciones, educación religiosa en las escuelas, campamentos y conferencias de verano y un énfasis en el entrenamiento de líderes y maestros.[56] En los seminarios empezaron a agregarse departamentos de educación cristiana. Se crearon revistas para ayudar a los maestros en su enseñanza bíblica. Al promover la educación cristiana, se empezaron a usar técnicas educativas en las escuelas dominicales como las que se usaban en la educación pública.[57]

La asistencia en las escuelas dominicales en los Estados Unidos llegó hasta los 35.6 millones para el 1980.[58]

Surgió un nuevo fenómeno en la educación: el uso de métodos AUDIOVISUALES. Estos se desarrollaron durante la Segunda Guerra Mundial por la necesidad de instruir rápida y eficazmente a los nuevos combatientes. Se descubrió la efectividad de la imagen en la comunicación y desde entonces se ha adaptado su uso para la educación secular como también en la religiosa.[59]

En 1920 la Iglesia Cristiana Reformada organizó sus escuelas bajo la Unión Nacional de Escuelas Cristianas que para 1957 tenían 207 escuelas primarias y secundarias con un total de 40.745 alumnos. Varias escuelas de diferentes denominaciones se juntaron en 1947 formando la Asociación Nacional de Escuelas Cristianas, que para 1957 incorporaba 141 escuelas y un total de 7.504 alumnos. Los luteranos en 1949 tenían

---

56. SANNER, A. Elwood: *EXPLORING CHRISTIAN EDUCATION* p. 78
57. BENJAMIN, Paúl: "Principios de Crecimiento de la Escuela Dominical". *MANA MINISTERIAL*. p. 16 y 17
58. *The Church Around the World*. Vol. 10 nº 12 p. 2 Nov. 1980
59. MELENDEZ, A.: *ANTECEDENTES BÍBLICOS PARA EL USO DE LOS MEDIOS AUDIOVISUALES Y SUS IMPLICACIONES*. p. 1

110.282 alumnos en sus propias escuelas, y los episcopales tenían entonces como 70 escuelas.[60]

Educadores y Filósofos

En estos dos últimos siglos ha habido diferentes filósofos y psicólogos que han influido mucho en la educación secular y en la educación religiosa. Esta influencia ha provocado cambios también en la teología, surgiendo dos extremos: el fundamentalismo evangélico que se centra en la Biblia y la lealtad exclusiva a Jesucristo, y el otro extremo constituido por el liberalismo que combina o reemplaza ideas psicológicas en la enseñanza religiosa, dando un énfasis exagerado a la razón humana. Había también otras posiciones teológicas intermedias entre estos dos extremos.[61] Veamos algunos educadores más conocidos.

JUAN ENRIQUE PESTALOZZI (1746-1827) fue un cristiano de origen suizo quien es considerado por algunos como el educador más grande de la historia. Fundó varias escuelas y escribió numerosos libros. De muchos países llegaban personalidades a observar sus clases. En su obra Leonardo y Gertrudis describe sus principios pedagógicos.[62] Enfatizó el uso de materiales graduados, arreglando los libros de texto en progresiva complejidad con coherencia de materiales.

IMMANUEL KANT (1724-1804) fue un filósofo alemán y profesor universitario quien se considera uno de los más grandes pensadores de todos los tiempos. Fue

---

60. PERSON, Peter P.: *INTRODUCTION TO...* p. 191
61. SMART, James D.: *EL MINISTERIO DOCENTE DE...* p. 12
62. SANCHEZ HIDALGO, Efraín: *PSICOLOGÍA EDUCATIVA.* p. 54

él quien dijo que la actividad mental puede subdividirse en: conocimiento, sentimiento y voluntad.[63] Kant creía que el niño por naturaleza no era ni bueno ni malo, sino lo que llegue a ser por la educación.[64]

JUAN FEDERICO HERBART (1776-1841) pasó la mayor parte de su vida enseñando filosofía y educación en dos universidades alemanas. Elevó la enseñanza haciendo de ella una ciencia real. Presentó un sistema lógico de enseñar los contenidos y tenía altas normas de carácter y moral, y por ello su sistema se transfirió a la enseñanza de la Biblia.[65] También formuló cinco pasos formales en la educación: preparación, presentación asociación, generalización y aplicación.[66]

JUAN DEWEY (1859-1952) se le conoce como el educador y filósofo principal de los Estados Unidos de Norteamérica. Es interesante notar que en su niñez fue formado conforme a la religión cristiana, pero luego adoptó ideas humanistas completamente en contra de la Biblia. Dewey se apoyaba en el razonamiento y la inteligencia humanas[67] y creía en la filosofía de la naturaleza buena o a lo menos neutral del niño. Este punto de vista enfatizaba el valor del medio ambiente para la formación del niño.[68]

Crecimiento de la Escuela Dominical

Desde que se abrió la primera escuela dominical en Inglaterra en 1780, y en los estados Unidos en 1785,

---

63. SANCHEZ, Efraín *PSICOLOGIA EDUCATIVA* p 53-54
64. LUZURIAGA, Lorenzo *HISTORIA DE LA EDUCACIÓN...* p. 175
65. LEBAR, Lois E. *EDUCATION THAT IS CHRISTIAN* p. 31
66. SANNER, A. Elwood *EXPLORING CHRISTIAN EDUCATION* p. 77
67. LEBAR, Lois ibid. p. 36
68. SANNER, ibid. p. 77

este ministerio creció en gran manera. En 1820 se realizaron las primeras convenciones de la escuela dominical de carácter local en los Estados Unidos. En 1824, se formó la Unión Americana de Escuelas Dominicales. Algunas denominaciones comenzaron a organizar mejor sus escuelas dominicales, produciendo materiales de enseñanza y formando uniones, como los Luteranos, Bautistas, Congregacionalistas y Presbiterianos.

En 1832, tuvo lugar la primera Convención Nacional de la Escuela Dominical en Philadelphia, Pennsylvania. Asistieron 220 delegados de 15 estados. En 1833 tuvo lugar otra convención en el mismo lugar, y la tercera en 1859. Pero fue en la cuarta ,en 1869, donde logró su carácter internacional porque en el grupo de 526 delegados, había representantes de cinco países de habla inglesa. Esta convención tuvo lugar en Newark, New Jersey.

En 1872, la Convención Nacional de la Escuela Dominical tuvo lugar en Indianapolis, Indiana, y allí se cambió el nombre de Convención Internacional debido a su amplitud. Fue en esa convención donde se adoptó el uso de las Lecciones Internacionales Uniformes, el primer gran esfuerzo para proveer material de enseñanza de la Biblia estandarizado, para que en toda escuela dominical y en toda clase se enseñe la misma lección.

En 1889, la convención tuvo lugar en Londres, y su nombre cambió a Convención Mundial de la Escuela Dominical. Ese año se reportó un total de casi 20 millones de alumnos y maestros de la escuela dominical en todo el mundo. De esa fecha en adelante hubo una convención mundial cada cuatro años y siguió la convención internacional en los años alternativos, también cada cuatro años.

En 1910, la Convención Mundial se transformó en

Asociación Mundial de la Escuela Dominical para ampliar su campo de trabajo, enviando misioneros para promover uniones de escuela dominical en 37 países.

En los Estados Unidos la Asociación Internacional de Escuelas Dominicales de unió con el Concilio de Escuelas Dominicales de las denominaciones evangélicas para formar el Concilio Internacional de Educación Religiosa en 1922. En aquel tiempo había 2.161.740 maestros de escuela dominical en los Estados Unidos.

Con el tiempo esta organización se volvió liberal y surgieron otras organizaciones para enfrentar esta situación y fomentar un mayor avivamiento y más énfasis de la Biblia en las aulas. En 1935 Clarence Benson (del Instituto Bíblico Moody) fundó la Asociación Evangélica de Entrenamiento de Maestros (E.T.T.A.) que publicó cursos de estudios para usar en las iglesias como en los cursos de educación cristiana ofrecidos en las universidades cristianas. [69] Estos cursos se publicaron en español por Editorial Caribe y la serie se llama "Curso para Maestros Cristianos" en seis manuales.

En 1946, se formó la Asociación Nacional de Escuelas Dominicales ya que el Concilio Internacional de Educación Religiosa ya no estaba cumpliendo con los propósitos originales. Esta organización realizaba convenciones y actividades paralelas a ésa pero con una orientación más conservadora en su doctrina.[70]

Las convenciones mundiales de la escuela Dominical continuaron, y luego de la convención en Londres en 1889 hubo otra en St. Louis (Missouri) en 1893, en

---

69. SANNER, A. Elwood *EXPLORING CHRISTIAN EDUCACIÓN* p. 442
70. BENSON, Clarence H. *THE SUNDAY SCHOOL IN ACTION* p. 17-25

Londres en 1898, Jerusalén en 1904, en Roma en 1907, en Washington en 1910, en Zurich en 1913, en Tokyo en 1920, en Glasgow een 1924, en Los Angeles en 1928, en Río de Janeiro en 1932, en Oslo en 1936 (se canceló la de Durban, Sudáfrica en 1940) y en Toronto en 1950.[71] Para ese año de 1950 se reportó un total de 40 millones de maestros y alumnos en las escuelas dominicales del mundo.[72]

En 1947, se cambió el nombre de la Asociación Mundial de la Escuela dominical al Concilio Mundial de Educación Cristiana.[73] En 1948, se formó el Concilio Mundial de Iglesias en Amsterdam.[74]

En 1950, el Concilio de Educación Religiosa (formado en 1922) se unió con otras seis agencias interdenominacionales para formar el Concilio Nacional de Iglesias de los Estados Unidos. Actualmente el Concilio Nacional de Iglesias tiene cuatro programas uno de los cuales es la División de Educación Cristiana. En esta organización hay 22 denominaciones protestantes además de 11 grupos ortodoxos griegos.[75]

Entre 1950 y 1971 la Asociación Mundial de la Escuela Dominical se conocía como el Concilio Mundial de la Educación Cristiana y Asociación de Escuela Dominical. En 1971 esta organización llegó a ser la división educacional del Concilio Mundial de Iglesias.[76]

---

71. LOTZ, Philip *ORIENTATION IN RELIGIOUS...* p. 470
72. PERSON, Peter P. *INTRODUCTION TO CHRISTIAN EDUCATION* p. 135
73. LOTZ, Philip *ORIENTATION IN RELIGIOUS...* p. 470
74. LOTZ, ibid. p. 559
75. SANNER A. Elwood *EXPLORING CHRISTIAN EDUCATION* p. 445
76. SANNER, ibid. p. 448

Publicaciones

Ya mencionamos que en 1872 se comenzaron a publicar las Lecciones Uniformes. Con este sistema se enseñaba el mismo pasaje de las Escrituras tanto a los adultos, como a los jóvenes y niños. Esta serie de lecciones fue preparada por un grupo de 50 personas de 30 denominaciones. Se reunían una vez al año para planificar los bosquejos para el año entrante. Luego cada denominación publicaba y distribuía su propio material usando como base estos bosquejos.

En 1875, la casa publicadora David C. Cook comenzó a publicar material de escuela dominical para proveer una alternativa.

En 1884, se publicó el primer libro de texto para los maestros. Es el libro llamado *LAS SIETE LEYES DE LA ENSEÑANZA* escrito por el Dr. Juan Milton Gregory, un gran educador. Expone los factores que gobiernan el arte de la enseñanza y aunque no es netamente cristiano, ha sido usado para maestros de la escuela dominical.[78]

El número de revistas cristianas aumentó de 350 hasta 650 entre finales de la Guerra Civil y el año 1885. La mitad de las revistas eran para la Escuela Dominical, algunas de las cuales tenían una circulación de 50.000 ejemplares cada una.[79] En 1886, comenzó la publicación de El Maestro de Escuela Dominical Nacional que estuvo en circulación durante 16 años.[79] En 1896, se fundó el National Baptis Publishing Board en Nashville, Tenessee, el cual envió 100.000 copias de sus hojas de Escuela Dominical en su primer año.[80]

---

78. GREGORY, Juan M. *LAS SIETE LEYES DE LA ENSEÑANZA* p.8
79. ARNOLD, Glenn F. *WRITING AWARD WINNING ARTICLES* p. 21
80. ARNOLD, ibid. p. 22-23

En 1907, se hizo un esfuerzo para mejorar las Lecciones Uniformes por las muchas críticas que no cubrían toda la Biblia y no se podían adaptar para todas las edades. Se les graduó para los departamentos de niños, intermedios y superior.[81] Estos cambios ayudaron y también se les cambió el nombre a Lecciones Uniformes Mejoradas. Pero al pasar el tiempo había cada vez más críticas. Por ejemplo, en el ciclo de ocho años (1919 a 1926) omitieron catorce libros de la Biblia y dieron menos del 15% de otros 17 libros.[82] Luego de un estudio minucioso de estas lecciones, se decidió dejarlas. Habían sido usados por más de 100 años y sirvieron para unificar el pensamiento de los protestantes cristianos en los Estados Unidos y otras partes del mundo.

En 1933, se fundaron dos casas publicadoras que surgieron en un tiempo cuando muchos grupos denominacionales estaban dando mayor énfasis a la psicología y sociología que las Escrituras mismas. Muchas iglesias optaron por usar el material de estas editoriales.[83]

Scripture Press fue una de ellas, con sede en Wheaton, Illinois, llegando a publicar una serie completa de lecciones para la escuela dominical además de otros materiales. Algunos de estos materiales se han traducido y se usan en Latinoamérica.

La otra casa publicadora es *Gospel Light* (Luz del Evangelio) fundado por la Dra. Henrietta Mears en Los Angeles, California. Siendo directora de educación cristiana en una iglesia Presbiteriana grande, vio que los materiales disponibles no eran adecuadas. El material

---

81. BENSON, Clarence H. *GUIA PARA LA OBRA DE LA ESCUELA DOMINICAL* p. 7
82. BENSON, ibid. p. 71
83. SANNER, ibid, p. 444

existente era poco atractivo, sin dibujos, no graduados según una edad específica, sin presentación cronológica, y habían lecciones donde se negaba lo milagroso de la Biblia. Tampoco se presentaba el Evangelio de salvación como se debía. Ella con algunos auxiliares capaces, comenzaron a escribir su propio material.

Para el año 1933 habían publicado doce libros, cada uno cubriendo un trimestre, y 131 iglesias estaban usando el material. En 1936, consiguieron un edificio propio para la editorial y para el año 1937 se habían vendido 250.000 manuales. Habían manuales graduados para cada año, desde la pre-primaria hasta los adultos. En el año 1966 esta editorial servía a 220.000 iglesias en Estados Unidos y en otras partes del mundo.[84]

Tres Escuelas Dominicales Sobresalientes

La escuela dominical que fundó Dwight L. Moody en Chicago en 1858 llegó a tener 1.500 asistentes. Empezó llevando niños pobres a cierta escuela dominical, en 1857, pero pronto vio que esos niños no eran bien recibidos. Al ver la necesidad de ellos, abrió su propia escuela dominical usando salones de baile en el centro de los barrios pobres. Para eliminar a los maestros voluntarios que no sabían enseñar, usaba el sistema de traslado de clase. El alumno que deseaba hacerlo, podía cambiar de clase. El mal maestro inmediatamente quedaba sin alumnos. Cuando apareció una pandilla rebelde, Moody les ofreció un traje completo para la Navidad si no faltaban ningún domingo. Doce de los trece recibieron sus trajes. Moody usaba dulces, pre-

---

84. BALDWIN, Ethel, *HENRIETTA MEARS AND HOW SHE DID IT* p. 60, 65

mios e historias dramáticas de la Biblia para atraer a los niños. Al terminar la escuela dominical, Moody se paraba en la puerta y saludaba a cada niño por su nombre. A veces usaba disciplina corporal si había niños muy rebeldes.[85]

En ese tiempo Moody era un vendedor de zapatos. Pero en 1860 decidió dejar su trabajo para dedicarse de tiempo completo a la obra del Señor. Dios luego le utilizó como gran evangelista en Estados Unidos y Europa.[86]

Cuando la Dra. Henrietta Mears llegó a California para ser la Directora de Educación Cristiana de la Primera Iglesia de Hollywood en 1928, escribió los objetivos que deseaba lograr en los próximos cinco años: mejoras en la organización, buenos maestros, buen material, buen espíritu, programa adecuado y graduado para cada edad, material de enseñanza que presentara a Cristo y sus enseñanzas en cada lección, coros, campamentos, visión misionera y juventud entrenada.[87]

En 1928, había 450 alumnos registrados en esa escuela dominical. En dos años y medio creció a 4.200. Durante 22 años la escuela dominical creció y tenía bendición. Pero, hasta 1950 no pudieron edificar el edificio para la escuela dominical. Durante todos esos años usaron casas particulares, escuelas públicas y carpas para dar lugar a todos. La asistencia llegó a 6.000 alumnos, incluyendo a niños y adultos.[88]

El entrenamiento de maestros fue uno de los grandes impulsos de su vida. Decía la señorita Mears que los maestros no nacen, se hacen, pero necesitan el deseo

---

85. FITT, A.P. *LIFE D.L. MOODY*. p. 26
86. FITT, A.P. ibid. p. 29
87. BALDWIN, ethel May. *HENRIETTA MEARS AND...* p. 77
88. BALDWIN, E. ibid. p. 77-78

de aprender. No escogía apuradamente a sus maestros, tampoco hacía anuncios para voluntarios, ella buscaba ciertos requisitos, por ejemplo: una relación evidente con Cristo, no quería maestros que habían fracasado en otras áreas de sus vidas, ella buscaba a hombres y mujeres ocupados que ya estaban produciendo en el Reino de Dios.[89] La doctora Mears era ella misma una maestra excelente. Enseñaba con gracia a los 300 jóvenes universitarios que llegaban a su clase de escuela dominical. Fue una maestra que producía maestros.

La escuela dominical considerada como la más grande del mundo es la del pastor Jack Hyles, en Hammond, Indiana. Cuenta con una asistencia semanal de 17.000 alumnos en 1976. Usan 200 buses para traer a la gente a la iglesia. El pastor Hyles parece tener una capacidad sin fin para el trabajo, es un hombre de oración y de acción, y se considera como pastor de pastores. En 1959 el Pastor Hyles dejó su pastorado y aceptó la invitación de pastorear la Primera Iglesia Bautista en Hammond.[90] Al llegar fue la primera noche al auditorio que tenía asientos para 1.000 personas, y se arrodilló en cada banca pidiendo que Dios ungiera su ministerio con poder. Comenzando con una escuela dominical de 700 miembros, el pastor Hyles se esforzó en librar del infierno a cuantos podía, sin tratar de hacer la escuela dominical más grande del mundo. Dios bendijo su labor.

EN CONCLUSIÓN: En este estudio hemos visto el lugar tan importante que ha ocupado la enseñanza de las

---

89. BALDWIN, Ethel May. *HENRIETTA MEARS AND...* p. 90-91
90. REESE, Ed. *THE LIFE AND MINISTRY OF JACK HYLES.* p. 9-10

cosas de Dios a través de los siglos. Pero aún nos queda una incógnita: ¿Cómo serán los próximos tiempos si el Señor demora su venida? ¿Repetiremos los mismos errores y fracasos? Que Dios nos ayude a evaluar con sabiduría el pasado y enfrentar el futuro con fe y obediencia a nuestro Dios.

3

EL MAESTRO EXITOSO

"Entonces Jesús les dijo otra vez: Paz a vosotros. Como me envió el Padre, así también yo os envió". Juan 20:21

Como ejemplo incomparable en esta tierra, tenemos al Señor Jesucristo, quien fuera llamado "maestro" unas 60 veces en las Escrituras (raboni) —Mateo 8:19 y Marcos 9:38. Aunque Jesús fue conocido como sanador de las multitudes, los Evangelios nos relatan en detalle el ministerio principal que El tuvo, como lo fue el enseñar las cosas de Dios. A través de las parábolas, historias, ejemplos y a veces enseñanzas duras y difíciles, Jesús enseñaba a las gentes continuamente, en el templo en los campos, por el mar, andando por el camino.

Es interesante notar que uno de los requisitos de un líder en la Iglesia es la habilidad de enseñar (1 Timoteo 3:2). La Biblia habla también del don o ministerio de la enseñanza en Romanos 12:6-7 y Efesios 4:11 y les da un lugar de importancia a los maestros entre los demás ministerios.

La enseñanza de los niños recibe clara implicación en las Escrituras, como en Mateo 18 y Marcos 9 y 10.

Requisitos de un Maestro Cristiano

1. Debe tener una relación personal con Cristo Jesús.
2. Debe vivir la vida cristiana en obediencia a la Palabra de Dios. No puede vivir en abierto desacuerdo con los principios bíblicos.
3. Debe ser sencible, tierno e interesado en las necesidades de los otros.
4. No debe temer el trabajo duro, ya que la enseñanza requiere horas de preparación y estudio, además del desgaste emocional y espiritual al enseñar.
5. Debe ser creativo con ideas originales, y saber buscar ideas de otras fuentes. Debe ser capaz de adaptar las lecciones a sus alumnos con pensamientos nuevos.
6. Debe tener una actitud positiva y entusiasta. El carácter del maestro influye en la enseñanza. No debe ser demasiado pasivo ni pesimista.
7. Debe ser persona con autoridad y con características de líder. Esta cualidad puede desarrollarse cuando hay una auténtica convicción de que estamos ocupados en un ministerio espiritual muy importante, y también puede desarrollarse por la experiencia y el estudio de los métodos de liderazgo. El maestro debe saber quién es y qué desea lograr en su vida. La inseguridad es lo que hace perder sus cualidades de líder a muchas personas;

Lo que el Maestro debe hacer

1. Leer y estudiar continuamente la Biblia y las fuentes que le ayudarán a ser mejor maestro.

2. Debe preparar su lección cada semana dedicando el tiempo necesario para que sea parte de su propia vida y se adapte a las necesidades de sus alumnos. Debe preparar su lección con tiempo, su material audiovisual, el material para memorizar, para la adoración y los trabajos manuales de los alumnos.
3. Debe llegar a tiempo para cada clase y procurar que los alumnos hagan lo mismo. Es una responsabilidad concreta, y al no hacerlo, demuestra que no considera importante la labor de enseñar.
4. Debe orar por sus alumnos durante la semana. Recordar sus necesidades y también visitarles de vez en cuando. La relación personal maestro-alumno es importantísima.

Maneras de Preparar una Lección

1. Una limitada preparación: sólo lee la porción bíblica y el manual del maestro.
2. Una mejor preparación: estudia para la lección tomando notas y consultando libros de referencia.
3. Una buena preparación: apunta ilustraciones personales y explicaciones que se relacionan con la vida de los alumnos. Prepara algún material visual adecuado.
4. Una excelente preparación: la lección inspira y cambia al maestro, y como resultado la lección es enseñada con unción y poder del Espíritu Santo.

Métodos de Estudio para el Maestro

1. Busque un lugar tranquilo para estudiar.
2. Reúna todos los materiales de estudio para luego no interrumpir el estudio.

3. Escoja una hora del día cuando su mente esté activa y alerta.
4. Esté cómodo: tenga mesa y silla, suficiente aire y luz.
5. Sea disciplinado: no espere inspiración para estudiar, hágalo como hábito para el Señor.
6. Prepare la lección con tiempo: el estudiar a última hora resulta en mala preparación y perderá los resultados deseados en los alumnos.
7. Alterne su actividad: lea la porción bíblica, luego ore por los alumnos, estudie mapas y comentarios, memorice el texto áureo y practique el uso del material visual.

Metas que debe tener el Maestro

1. Que el alumno aprenda la lección, que la entienda.
2. Que el alumno guarde las verdades bíblicas en su mente y corazón.
3. Que la vida del alumno sea transformada como resultado de la enseñanza.
4. Que las necesidades espirituales del alumno encuentren respuesta a través de las lecciones.
5. Que el alumno llegue a ser investigador incansable de la Palabra de Dios, buscando siempre profundizar en la verdad y su relación con la vida humana.
6. Que el alumno llegue a tal nivel de motivación, que sea un maestro para otros también.

4

CARACTERÍSTICAS DE CADA EDAD

"¿No decís vosotros: aún faltan cuatro meses para que llegue la siega? He aquí os digo: Alzad vuestros ojos y mirad los campos, porque ya están blancos para la siega." Juan 4:35

Cada edad tiene sus características propias, sus intereses, su manera de ser, su capacidad de aprender, sus problemas. El buen maestro conoce a sus alumnos y las características especiales que tienen. El buen maestro sabe bien que el tiempo que puede un alumno prestar atención a la clase varía según la edad que tiene. Los niños pequeños pueden concentrarse muy poco tiempo en la lección, y la lección de ellos es mucho más corta. Los niños mayores, jóvenes y los adultos tienen períodos de concentración más largos. El maestro que conoce a sus alumnos logrará mayor éxito en la enseñanza. Examinemos a cada grupo por separado.

PÁRVULOS. Principiantes o Pre-primaria
Edad: de 3 a 5 años

Es la edad de la observación, de copiar a los demás. No quieren participar en la clase. Prefieren la misma maestra y la misma aula cada semana. Nunca están quietos. Son curiosos, llenos de preguntas, quieren saber cómo se llama cada cosa y cómo funciona.

Es imaginativo, creativo, le gustan las historias y no se cansa cuando se le repiten vez tras vez. Cree todo lo que le dicen, es confiado. Necesita amor de su maestra. Su mundo es pequeño y cualquier cambio le trae inseguridad. Juega con amiguitos pero es muy egocéntrico y no comparte sus cosas con otros.

Su mundo es el juego y, por ser inquieto, necesita un horario lleno y completo de actividades dirigidas a su nivel de interés y habilidad. Tiene vocabulario limitado y no posee todavía conceptos de tiempo y espacio. Necesita el afecto físico de su maestra a través de caricias y abrazos. Debe aprender que Dios le ama, que Dios todo lo creó, que Dios desea nuestro amor.

PRIMARIOS. Edad: de 6 a 8 años

El niño primario ya está en la escuela y esto favorece su aprendizaje. Piensa concretamente pero le gusta lo imaginario. Distingue entre lo real y lo imaginario, y memoriza muy bien. Vive en el presente, no le interesa el pasado ni mucho el porvenir. Le gusta los juegos de palabras y números

Características físicas: Sus músculos, pequeños no son bien coordinados y por eso los trabajos manuales no deben ser complicados y detallados. Quiere participar en vez de mirar. Busca aprobación de los adultos. Es enérgico pero se cansa fácilmente.

Características Sociales: Le gusta las actividades sin competencia. Desea amistades pero ama más al adulto. Es todavía egoísta. Le gusta hablar. Quiere portarse como adulto.

Características Emocionales: Trata emocionalmente a personas y cosas. Es impaciente y tiene temores. Simpatiza con otros y se identifica con ellos. Puede resistir a demandas personales y desobedecer.

Características Espirituales: Le gusta mucho la escuela dominical, la gente, la iglesia. Tiene fe sencilla en Dios, ora extensamente sobre todas las cosas en su vida. Quizás esté listo a entregarse a Cristo y ser salvo. Debe ya entender la historia de Cristo y la salvación en su sentido sencillo.

Tiene curiosidad acerca de la muerte y del cielo. Desea ser bueno y ora para comportarse bien.

PRIMARIO SUPERIOR. Edad de 9 a 11 años

Ya lee bastante bien, piensa y razona más. Tiene buena memoria, es preguntón y desea aprender. Puede pensar con sentido cronológico. Le gusta leer y buscar textos bíblicos.

En lo físico es exageradamente fuerte y enérgico, tiene muy buena salud, es ruidoso y le gusta pelear. Ama la naturaleza, las plantas y animales, quiere descubrir aventuras por su cuenta.

En lo social, es muy competitivo en juegos de habilidad. Es leal a sus amigos y les obedece más a ellos que a sus maestros o padres. No le gusta la autoridad, la resiste. Tiende a admirar a ciertos líderes o héroes de la televisión o el cine. No le gusta el sexo opuesto.

En lo emocional, el niño primario superior tiene pocos temores y no expresa ninguno. Puede ser de mal genio y enojoso. No le gustan demostraciones de afecto, caricias y besos. Le gustan los chistes y el humor. Puede cubrir sus problemas con actitudes exageradas.

En lo espiritual, reconoce el pecado y pone normas altas para sí. Tiene preguntas sobre el evangelio y puede hacer una entrega a Cristo, pero quizás esconda su deseo de hacerlo. Necesita ayuda y ánimo en su crecimiento espiritual. Son los años cuando se forman hábitos importantes de su vida personal y vida espiritual. Anímele a través de competencias con puntos por asistir, leer su Biblia, memorizar su texto, traer a los amigos, etc. Es admirable lo que un niño de esta edad hará para ganarse un premio o unos cuantos puntos.

INTERMEDIOS. Edad: adolescentes de 12 a 14 años

Muchos están estudiando en la escuela básica y la palabra clave es "transición". Ni son adultos ni son niños. A veces se portan como adultos y a veces como niños. Sus características fundamentales son:

1. Son conscientes de la ropa, su arreglo personal, su apariencia.
2. Son conscientes del sexo opuesto y buscan relacionarse con éste.
3. Son conscientes del dinero, lo que vale, lo que cuestan las cosas. Algunos ya trabajan.
4. Tienen altos ideales, admiran ciertos personajes y desean ser como ellos.
5. Tienen buena memoria para aprender textos y guardan muchas enseñanzas espirituales.
6. Desean ser independientes pero muchas veces son fácilmente influenciados.
7. Tienen un sentido social despierto. Se resienten con la injusticia.
8. Dudan de lo que los adultos les dicen, dudan de la Biblia y preguntan ¿por qué? Están evaluando

todos los principios que les han sido enseñados. Es tiempo de formar convicciones en ellos.

9. Tienen más conocimiento que experiencias, piensan que lo saben todo pero...
10. Su crecimiento físico está en su mejor época y están madurando como adultos. Hay problemas de ajustes hasta que se acostumbren a su nuevo cuerpo.

Es importante poner los mejores maestros en la edad de los intermedios. Es a esta edad en que un 85% deja la escuela dominical y la iglesia. Debe haber enseñanza bíblica a su nivel de interés y problemas para que en lugar de dejar la iglesia se afirmen en ella. El maestro debe comprenderlos, amarlos, interesarse en ellos y escucharlos. El maestro debe probar con su ejemplo y la Palabra que Jesús es el Hijo de Dios y que podemos confiar en la Biblia como libro inspirado por Dios.

El maestro debe hacer interesante su clase, nunca aburrida y monótona.

JÓVENES. Edad: DE 15 a 17 años

La palabra clave a esta edad es "decisión". Sus principales característica son:

1. Es como un adulto físicamente pero tiene algunos hábitos de niño aún.
2. No escucha a los padres. Resiste a lo que ellos dicen y a veces también desatiende a sus maestros. Los amigos son la mayor influencia en esta edad.
3. Está pensando en casarse y desarrollar relaciones con personas del sexo opuesto.
4. Siente una nueva responsabilidad hacia los demás y se envuelve en proyectos que afectan a los demás.
5. Tiene emociones e ilusiones intensas que le provocan confusión.

6. Le gustan las actividades grandes e importantes, proyectos o trabajos difíciles.
7. Tiene una nueva conciencia de Dios. Ve las cosas espirituales con nuevos ojos.
8. Está tomando las decisiones más importantes de su vida: su profesión o vocación, con quién debe casarse y qué hará con su vida espiritual.

El maestro debe ser amigo con cada miembro de su clase y no tratar de señorear sobre ellos, sino aconsejar y guiar. Hará falta estudios bíblicos que presenten el plan de Dios para su vida y cómo tomar decisiones. El maestro buscará edificar su fe en Dios.

UNIVERSITARIOS. profesionales de 18 a 24 años

Si hay una cantidad de este grupo en la iglesia, debe haber una clase para ellos con actividades adecuadas según sus intereses. Tienen interés en servir al Señor, desean ganar almas para Cristo y aprovechar el tiempo. Asimismo, desean disciplinarse en su vida personal; lograr las metas de sus vidas. Se interesan por la planificación del futuro, el casamiento, el formar un hogar con hijos, y conseguir un trabajo bueno para su presupuesto personal. Necesitan enseñanza sobre estos temas con enfoque bíblico.

ADULTOS JÓVENES. Edad 25 a 35 años

Estos adultos tienen intereses muy diferentes a los demás adultos y diferentes a los del universitario o el profesional. El adulto joven tiene interés en la familia, los hijos, el ajuste al matrimonio y al hogar formado recientemente. Tiene interés en desarrollar una buena relación entre esposo y esposa y formar un hogar sólido y firme.

Desean saber qué dice la Palabra de Dios sobre todos estos temas y de la disciplina y crianza de los hijos o las finanzas del hogar.

ADULTOS MEDIANOS. Edad: 35 a 45 años

Tienen interés en lograr metas para sus vidas, llevar sus profesiones hasta su cumbre. Tienen problemas en el trabajo, con los compañeros, con sus hijos que están entrando a la adolescencia y juventud. Es importante enfrentar la situación real de este grupo de personas que asisten a la iglesia y alimentarles de la Palabra de Dios en áreas que les animen, les desafíen y les den respuesta a sus preguntas y problemas.

ADULTOS ANCIANOS: Edad: de 45 a 100 años

Tienen hijos casados, o ya independientes. Al adulto a esta edad le interesa su salud, se acerca la vejez, le interesa lograr buenas relaciones con los hijos, con las nueras, yernos y nietos. Necesita ministración de la Palabra a su nivel e intereses.

5

LA PREPARACIÓN DE UNA LECCIÓN BÍBLICA

"Y se admiraban de su doctrina, porque su Palabra era con autoridad." Lucas 4:32

Jesús enseñaba con autoridad y esa autoridad daba peso e influencia sobre la doctrina que predicaba. Nuestra enseñanza a veces es buena en su contenido, pero por enseñarla sin autoridad y sin convicción es ineficaz. No trae aprendizaje, no trae fruto. En esta lección estudiaremos lo referente a la preparación de una lección de la Biblia recordando siempre, que además de una buena lección, nos falta esa autoridad que el Señor nos da para enseñar con el poder del Espíritu Santo. La autoridad viene cuando conocemos lo que enseñamos y cuando lo vivimos.

Pasos para la preparación de una lección bíblica:

1. **PROPÓSITO**: Lo que el maestro desea lograr a través de la lección.
2. **INTRODUCCIÓN**: Es la presentación de la lección.

Debe ser algo conocido y de interés al alumno. Con la introducción se logra despertar interés en la lección. El alumno viene a veces distraído y sus pensamientos están dirigidos a otras cosas. La introducción sirve para captar su atención e introducir la lección.

3. **HISTORIA BÍBLICA**: Es la parte principal de la lección. Es presentada con una secuencia y ajustada a la edad del alumno. Se permite usar la imaginación pero dentro del contexto de las Escrituras. Se debe presentar la lección bíblica con secuencia de eventos. Debe ser clara para que los alumnos puedan recordar esa historia.
4. **APLICACIÓN**: Relaciona la historia con la vida del alumno. Es la parte espiritual de la lección y si no hay aplicación, la lección pierde su valor. La aplicación puede ser presentada juntamente con la historia o luego de la misma. Debe ser clara y a nivel de los alumnos que asisten.
5. **CONCLUSIÓN**: Es la última cosa que el maestro dice de la lección. Es el pensamiento que el maestro desea que quede en las mentes de los alumnos. La conclusión debe ser concreta y clara, e incluirá la invitación para salvación u oración por problemas específicos de las vidas de los alumnos. La conclusión se relaciona directamente con el propósito de la lección y lo que el maestro desea lograr a través de la clase.

EJEMPLO DE COMO SE HACE UN BOSQUEJO PARA UNA LECCIÓN BÍBLICA

Título: "La Oveja Perdida"
Porción bíblica: Lucas 15:1-7
Edad de los alumnos: Primarios (6-8 años)

1. **Propósito**: Enseñar al alumno el plan de salvación.
2. **Introducción**: Conversar con los niños sobre las ovejas, quién ha visto ovejas, cómo son, qué sonido hacen, qué tamaño tienen, etc. Dejar a los niños hablar un poco acerca del tema. Luego hablar con ellos sobre las caracterísiticas que tienen de perderse con facilidad.
3. **Historia**:
   a. Había 100 ovejas en el redil, con un pastor que las cuidaba. Descripción del redil de aquel entonces, la vida de un pastor y cómo las cuenta cada día.
   b. Al contar las ovejas una noche, el pastor descubre que le falta una ovejita. Cómo se siente el pastor al saber esto.
   c. Descripción de cómo se habrá perdido la oveja, por buscar grama más verde, por descuidar el llamado del pastor, peligros que enfrenta la oveja perdida.
   d. El pastor sale en busca de la oveja perdida con alguna luz en la mano, por los caminos peligrosos de la montaña, cansado y con sueño.
   e. El pastor encuentra la oveja al fin y la alza en los brazos, la trae al redil, la atiende, la reúne quizás con la oveja madre quien la espera.
   f. El pastor reúne a sus amigos y con gozo les relata de su aventura existosa por la montaña, y de la oveja que al fin encontró.
4. **Aplicación**:
   a. Nosotros somos como aquella oveja que se perdió por la montaña, debido a nuestra rebeldía hacia Dios, deseando hacer lo que queríamos y alejándonos de Jesús nuestro Pastor.
   b. Pero allí en la montaña teníamos peligros muy grandes, como Satanás, que nos quiere hacer daño.

c. Nuestro Buen Pastor, Jesús, salió a buscarnos. En la cruz del Calvario murió por nosotros para rescatarnos del pecado. Sufrió para que nosotros pudiéramos volver al redil de la salvación.
d. Cuando yo acepto a Cristo como mi Salvador, estoy volviendo a su redil, lugar de seguridad y paz.
e. Hay gozo en los cielos cuando yo recibo a Cristo como mi Salvador y dejo mis malos caminos.

5. **Conclusión**:
Invite a los niños a recibir a Cristo como su Salvador, pidiendo perdón por sus pecados. Ore por los que lo hacen.

ALGUNAS SUGERENCIAS ADICIONALES

Escogiendo la porción bíblica

No todo relato bíblico se adapta para toda edad de niños. Hay que seleccionar porciones bíblicas que tengan un mensaje comprensible a la edad de los niños de su clase.

De lo conocido a lo desconocido

Todo aprendizaje se basa en el conocimiento previo. Por eso es que cada lección debe relacionarse con algo ya conocido del alumno y añadir conceptos nuevos. Lo conocido del alumno puede ser de su experiencia personal, su vida, o puede ser información de lecciones anteriores que el alumno recuerde. El buen maestro conoce a sus alumnos suficientemente para usar este principio: de lo conocido a lo desconocido.

El largo de la lección

La lección debe ser tan larga como lo es el interés y atención de los alumnos. Según la edad, la atención del alumno varía. Los niños pequeños necesitan una lección corta, los niños mayores más larga, y los adultos aún más. El buen maestro ajusta el largo de la lección según la edad de los de su clase. Un niño de 3 años puede prestar atención que dure 3 minutos. Los adultos de 30 a 60 minutos. Se puede recobrar la atención del alumno, y luego seguir con la lección; o se puede enseñar la lección en dos partes. Se extiende el período de concentración cuando cada lección es más larga y más interesante.

6

MÉTODOS EFECTIVOS DE ENSEÑANZA

"Y les habló muchas cosas por parábolas, diciendo: He aquí el sembrador salió a sembrar". Mateo 13:3

El éxito de la enseñanza está condicionado por los métodos de enseñanza que usamos. Puede haber enseñanza sin el uso de buenos métodos pero éstos hacen posible el máximo de aprendizaje. Estos recursos de la enseñanza estimulan el interés del alumno, así como Cristo lo hizo. Piense en la edad e intereses del alumno al considerar la metodología a usarse. Pueden combinarse varios métodos también. El alumno aprende mejor cuando en la enseñanza se apela a sus cinco sentidos: la vista, el oído, el olfato, el gusto y el tacto.

Hay muchos métodos que han sido utilizados con efectividad en la enseñanza. A continuación se mencionan los principales. ¿Cuáles de éstos prefiere usted? ¿Cuáles de ellos usó el Señor Jesucristo?

MÉTODOS

1. *Discurso o Conferencia*

El maestro enseña la clase y los alumnos solamente escuchan. Es un método muy usado y del cual muchas veces se ha abusado. Su valor está en la enseñanza de clases muy numerosas y cuando no hay libros de texto para los alumnos. Este método debe ir acompañado de ayudas visuales en lo posible. Se emplea mucho para clases de adultos. Algunos creen que es fácil enseñar así, pero en realidad es difícil hacerlo bien.

2. *Preguntas y Respuestas*

Sirve este método para repaso o aprendizaje. Es cuando se permite a los alumnos hacer preguntas en la clase sobre el tema que se está enseñando. Puede también ser preguntas preparadas de antemano por el maestro. Las puede contestar el mismo maestro, otra persona invitada, un panel de personas, o los alumnos mismos.

3. *Dramatización o Representaciones*

Estos pueden ser pequeños dramas espontáneos, trayendo en vida la lección estudiada. Pueden ser dramas preparados previamente por un grupo de alumnos, o un individuo. Pueden dramatizar una historia bíblica o un principio bíblico. A los niños les gusta "jugar a la casita" o imitar a otras personas. El drama permite que ellos absorban más de la lección al "vivirla".

4. *Proyecto o Manualidad*

Es una actividad que la clase toma parte en conjunto, y aprende al hacer el proyecto. Es para profundizar en el conocimiento, o para expresar el aprendizaje de la lección. Por ejemplo, los alumnos pueden armar un tabernáculo de cartón, el arca de Noé con animales de plasticina o armar un escenario bíblico como la vida del hijo pródigo o la crucifixión.

5. *Discusión o Diálogo*

Es cuando cada miembro de la clase participa (o tiene oportunidad de hacerlo) con sus opiniones, sus ideas y sugerencias. Se llama también "mesa redonda" significando que no hay alumnos que tengan más voz y voto, sino que todos son iguales. Los temas deben escogerse con cuidado ya que hay temas que no sirven para discusión. Para una discusión debe haber varias alternativas. Discusión es escudriñar la verdad en forma conjunta buscando la solución de los problemas.

6. *Debate*

Es parecido al diálogo, pero sólo se presentan dos alternativas; a cada grupo o persona le toca defender y probar su punto de vista. Se puede dividir la clase en dos, o tener dos personas que representen al grupo. Algunos temas sirven para un debate: ¿Cuál es la mejor edad para casarse? ¿Es pecado mirar la televisión? ¿Puede el cristiano participar en la política? ¿Qué versión de la Biblia es la mejor?

7. *Historia, Relato o Ilustración*

A todos nos gusta una buena historia, un relato de la vida real o imaginario, quizás una historia misionera o una experiencia personal. Las historias bíblicas generalmente forman parte de las lecciones para los niños, y en muchas lecciones de adultos se incluye ilustraciones o historias para ayudar en la comprensión de la lección. Sin embargo, hoy se ha perdido el arte de relatar historias. Se acostumbra a relatarlas en voz monótona, sin expresión ni sentimientos, haciéndola aburrida. Un maestro que sabe utilizar bien este método llegará lejos en su enseñanza y sus alumnos le amarán. Se recomienda ilustrar la historia en los posible

8. *Ayudas Visuales*

Son muchas las clases de ayudas visuales que hay. Hablaremos de cada una por separado. Se calcula que del 75 al 90% de los que se aprende entra por la vista. Ayuda a la persona a aprender más, con mayor rapidez y permite que pueda recordarlo más tiempo.

Ayuda al maestro con un problema bíblico: que las personas, sus viviendas, su comida, su medioambiente eran muy diferentes a nuestra vida de hoy, y las ayudas visuales hacen entender a los niños la vida y costumbres de tiempos bíblicos de la antigüedad. Examinemos la variedad de ayudas visuales con que podemos contar. ¿Cuál se aplica a tu necesidad?

a) *Láminas o cuadros bíblicos*

Se pueden comprar láminas bíblicas en librerías

cristianas, o recortar láminas de las revistas, figuras que les ayudarán a los alumnos a entender la lección mejor. Se puede colocar estas láminas o cuadros en la pared o sostenerlas en la mano.

b) *Franelógrafo*

Es un método de costo regular. Requiere el uso de un tablero o cartón grueso de 36 x 26 pulgadas (un metro por poco menos que un metro). El tablero se debe cubrir con franela dejando la parte suave afuera. Hay lecciones visualizadas bíblicas para el franelógrafo, en lecciones sueltas o también en series de lecciones de bajo costo. Las lecciones pueden usarse vez tras vez, año tras año. Se recortan las figuras apropiadas sobre el franelógrafo. Con la felpa que tiene, se adhiere fácilmente. Se puede confeccionar fondos dibujados con crayones de cera o marcadores sobre franela de varios colores para simular una escena exterior o dentro de una casa. Hay muchas posibilidades con el uso de este método y a los niños les encanta el franelógrafo.

c) *Objetos*

Se llama lección objetiva cuando se presentan varios artículos u objetos que abundan en cualquier hogar, o se puede traer objetos que los niños nunca vieron, por ejemplo: ver la letra hebrea escrita en un pergamino, confeccionar un pergamino de papel y enrollarlo como eran las Biblias de mucho tiempo atrás.

d) *Pizarrón negro o pizarrón de fórmica*

Es relativamente económico comprar pizarrón y este tiene muchos usos. Para el pizarrón negro se usa el yeso y para el pizarrón de fórmica se usan marcadores especiales. El pizarrón siempre está colgado en su lugar listo para usarse y sólo hace falta saber escribir para darle un buen uso. Enfoca la atención de la clase maravillosamente y ayuda mucho en la enseñanza. Sirve para anotar puntos importantes de la lección, para enseñar palabras nuevas, para presentar estadísticas, dibujos o esquemas, hacer un mapa, dar informes de la clase, etc.

e) *Mapas*

Se puede usar un globo terráqueo, un mapa en relieve para indicar las montañas, valles, llanuras, etc. Asimismo, se pueden usar mapas comunes que indican las ciudades y pueblos.

Hay mapas bíblicos que indican por ejemplo, todos los lugares donde estuvo Jesús. Otros mapas indican los lugares a los que viajó el apóstol Pablo.

f) *Transparencias, filminas y películas*

Atraen muchísimo la atención de la clase porque apelan al oído y a la vista. Es un método caro ya que requiere de aparatos especializados.

7

TODA LA BIBLIA EN CUATRO AÑOS

"Toda la Escritura es inspirada por Dios, y útil para enseñar, para redargüir, para corregir, para instruir en justicia." 2 Tim. 3:16

Un problema grave de hoy es que muchos cristianos tienen amplio conocimiento de ciertas partes de la Escritura, y poco o nada de otras partes de la misma. Eso debilita la vida espiritual de la persona. Como dice el texto "Toda la Escritura es... útil para enseñar...". Durante los años que uno está en la iglesia debe llegar a conocer toda la Biblia. El pastor debe también dar enseñanza de muchas partes de la Biblia, no prefiriendo siempre alguna parte, o una enseñanza. Hace falta una dieta balanceada para llegar a la madurez en el Señor. Hace falta programar el estudio para que sea una dieta espiritual variada y abundante.

METAS Y PROPÓSITOS

El maestro debe tener una meta o propósito para cada lección y de igual modo debe tener un propósito para el trimestre, un propósito para el año y un propósito supremo.

1. *PROPÓSITO SUPREMO*

Abarca no sólo el año de enseñanza, sino varios años más. El propósito que debe prevalecer sobre todos los demás que se tengan, es que el alumno llegue a conocer a Dios y su plan para su vida a través de toda la Biblia, que conozca intelectual y experimentalmente toda la verdad bíblica.

2. *PROPÓSITO TRIMESTRAL*

El trimestre incluye 13 lecciones en serie. Hay un propósito general que une todas las 13 lecciones y que el maestro debe tener en cuenta al enseñar. El maestro se refiere a lecciones pasadas y se refiere a lecciones planificadas para el futuro. Un ejemplo de un propósito trimestral: que el alumno conozca la vida de Cristo en todos sus aspectos y se entregue a El como su Salvador y Señor.

3. *PROPÓSITO UNITARIO*

Son de 3 a 5 lecciones (aproximadamente) que son relacionadas como una sola serie, bajo un tema común. Un propósito unitario puede ser por ejemplo: que el alumno conozca todos los eventos relacionados con la muerte de Cristo y lo que significa para nuestras vidas hoy.

4. *PROPÓSITO DE UNA LECCIÓN*

Enseñar una verdad bíblica con su aplicación correspondiente.. Por ejemplo, que el alumno conozca de los dos ladrones en la cruz, y de las dos posibles decisiones que podemos tomar: aceptar o rechazar a Cristo.

Currículo o curso

La palabra latina "curriculum" (en castellano, currículo) se usa con mucha frecuencia en relación a la educación. Corresponde a la palabra "curso" pero tiene un sentido más amplio.

El verdadero "Curso de la Biblia" no es solamente una serie de lecciones, sino la experiencia misma del alumno, guiada y enriquecida por el proceso educativo cristiano. Forman parte del currículo o curso todos aquellos elementos que ayudan al alumno a interpretar, enriquecer, desarrollar y gobernar su vida.

NIVELES DE ESTUDIO DE LA BIBLIA

Toda la Biblia debe cubrise eventualmente pero no todas sus partes pueden utilizarse para la enseñanza religiosa de cualquier edad. Hay que tomar en cuenta, además, la diferencia de edades y de grados de desarrollo intelectual y espiritual. Un pasaje lleno de significación espiritual para un adulto o un cristiano maduro, puede resultar incomprensible para un niño o un recién convertido.

Se trata sencillamente de ir dando a cada grupo y a cada edad aquellas partes que mejor corresponden a su experiencia, a sus necesidades, a sus problemas y a sus intereses. Para los niños pequeños prácticamente todo el contenido bíblico tiene que adaptarse por su lenguaje y conceptos fuera de su capacidad de comprensión. A partir de aquí se va gradualmente utilizando el material cada vez con menos adaptaciones y cada vez más textualmente hasta la edad adulta.

UN PLAN PARA 65 AÑOS

Para los niños pequeños se les debe enseñar historias seleccionadas de toda la Biblia, en cualquier orden, en forma sencilla y reducida. Son unos 5 años de enseñanza para los niños de 3 a 7 años de edad.

Para los niños medianos, se les debe enseñar historias en secuencias, seleccionando de toda la Biblia, enseñando las lecciones con mayores detalles y explicaciones. Son unos cinco años de enseñanza para los niños de 8 a 12 años de edad.

Para los adolescentes y jóvenes, se les debe enseñar una amplia seleción de porciones bíblicas que tengan relación con su desarrollo e interés. Son unos cinco años de enseñanza, para los de 13 a 17 años.

Para los adultos, se estudia toda la Biblia otra vez pero con énfasis en las enseñanzas más profundas y explicaciones más amplias. Son 50 años de enseñanza, para los de 18 a 68 años de edad.

SECCIONES DE LA BIBLIA

Para toda edad debe haber lecciones de cada sección de la Biblia:

Los Evangelios: Cristo y sus enseñanzas, la salvación a través de la Cruz.

Los Hechos: Los apóstoles y expansión de la primera iglesia cristiana.

El Antiguo Testamento: Acción y ejemplos de muchos personajes y eventos que ilustran el Nuevo Testamento.

Las Epístolas y Apocalipsis: Enseñanzas doctrinales y eventos futuros.

PLAN DE CUATRO AÑOS

PRIMER AÑO:	20 lecciones del Evangelio de Mateo 6 lecciones de Hechos 1-7 14 lecciones de Génesis y Exodo
SEGUNDO AÑO:	20 lecciones del Evangelio de Marcos 6 lecciones de Hechos 8-12 13 lecciones de Números, Josué y Jueces
TERCER AÑO:	20 lecciones del Evangelio de Lucas 6 lecciones de Hechos 13-20 14 lecciones de 1 y 2 Samuel y 1 y 2 Reyes
CUARTO AÑO:	14 lecciones del Evangelio de Juan 6 lecciones de Hechos 21-28 1 lección de la vida de Timoteo 4 lecciones de Apocal. 1-5 y 20-22 14 lecciones sobre Esdras, Nehemías y Daniel.

8

EL EVANGELISMO DEL NIÑO

"Porque el Hijo del Hombre vino a buscar y a salvar lo que se había perdido." Lucas 19:10

Es de suma importancia que el niño haga su decisión por Cristo a esa edad, ya que su corazón está tierno hacia Dios y no se ha metido en los vicios y el crimen; todavía no se ha endurecido su corazón. Es más fácil ganar a un niño para Cristo que a un adulto. Mateo 19:14 dice: "Jesus dijo: Dejad a los niños venir a mí, y no se lo impidáis; porque de los tales es el reino de los cielos."

EVANGELISMO EN LA IGLESIA

La iglesia debiera ser el lugar donde más se predica el evangelio y donde más personas se entregan a Cristo. Pero ésto no siempre es verdad, y Dios tiene que usar campañas especiales y otros esfuerzos cuando la Iglesia no está ganando almas para Cristo. ¿Cómo se puede evangelizar al niño *en* la Iglesia? Veamos algunas sugerencias prácticas.

1. *Lecciones de la Escuela Dominical que enfaticen la Salvación:* De vez en cuando debe haber lecciones que se presten para hacer una invitación para recibir a Cristo. Si no aparece este énfasis en el material didáctico que se está usando, el maestro tendrá que adaptar alguna lección para este fin.

2. *Reuniones o clases especiales para presentar el evangelio:* Con el fin evangelístico se podrá programar de vez en cuando una campaña evangelística para niños, en horarios adecuados. Deberá alcanzarse a todos los niños de la vencidad que no conocen a Cristo. Puede haber música especial, y un evangelista, pero todo deberá ir de acuerdo con la mentalidad de los niños

3. *Ministración personal del maestro a sus alumnos:* El maestro debe saber quiénes de los niños de su clase han hecho su decisión personal de entregarse a Cristo y también quiénes no lo han hecho todavía. El maestro debe buscar una oportunidad para conversar con cada uno sobre la salvación a nivel personal.

EVANGELISMO EN LOS HOGARES

Ya que muchos niños inconversos no llegan hasta la iglesia, debemos proveer y buscar otros medios para llevarles el Evangelio glorioso de Cristo, quien ama tanto a los niños. En los hogares de cristianos se puede reunir niños para ministrarles. A continuación veremos algunas maneras de lograrlo.

1. **Clases Semanales de Biblia:** Puede ser una clase similar a la clase de la Escuela Dominical, solamente que habrá una variedad de edades y habrá una situación más informal. Puede ser una tarde o un sábado por la mañana cuando los niños de la vencidad no tienen que ir a la escuela y podrán acudir a la clase bíblica. Entre dos madres cristianas podrán dirigir y enseñar la clase.

2. **Series de 5 días:** Este es un esfuerzo especial de evangelismo del niño en un hogar. Son cinco días seguidos donde se imparten lecciones bíblicas con el énfasis en la salvación de los niños. Podrá ser todas las tardes de una semana, o lo que más convenga, como por ejemplo de lunes a viernes. Es muy efectivo este medio de evangelismo para los niños.

3. **Aprovechando un momento especial:** Aprovechar un cumpleaños, una fiesta. Cualquier oportunidad es buena para enseñar al niño acerca de Cristo. Junto con una piñata se podrá planificar una lección visualizada y una invitación a los niños para recibir al Señor Jesucristo en sus vidas.

EVANGELISMO AL AIRE LIBRE

El evangelismo del niño al aire libre abarca otra área que tiene muchas posibilidades para desarrollarla. Puede realizarse en cualquier lugar en el que se juntan niños para jugar, por ejemplo en la calle o en un parque. Es una buena oportunidad para llevarles allí el mensaje del Evangelio.

1. **En los parques:** los niños pasan a veces tardes enteras jugando en los parques o plazas, con su bicicleta, la pelota y otros juegos pequeños. Con mucha alegría estos niños se acercarían a escuchar una historia visualizada y aprender cantos sencillos de Jesús.

2. **En lotes vacíos:** Los varones, sobre todo, se juntan para jugar fútbol en campos libres o terrenos desocupados. Luego de un partido se podrá repartir folletos infantiles o se podrá tener una clase similar a la que señalamos para los parques.

3. **En una esquina:** Hay barrios donde casi no hay parques y los niños juegan en la calle. Se podrá tener clases para ellos usando una esquina donde no haya tanto tránsito de vehículos.

Recomendaciones para las clases al aire libre:

1. Formar un equipo de personas con visión, con amor a los niños y con algunas capacidades o talentos como la música o la dirección de juegos infantiles. Es mejor que no lleguen adultos como observadores porque a los niños les desagrada. Será mejor que sean dos o tres personas pero que compartan la responsabilidad de guiar la clase.

2. Escoger con cuidado el lugar de la clase. Debe tratarse de que sea un lugar donde haya muchos niños.

3. Distribuir las responsabilidades. Esto significa que

una persona puede enseñar la lección visualizada, otra se encargará de dirigir algunos coros alegres, otra persona tocará un instrumento, y otro reúne a los niños. Es muy importante que cada persona cumpla bien su atrea, porque al aire libre es más fácil que los niños se distraigan y pierdan interés y atención. Sólo con un buen programa preparado con tiempo, se puede lograr éxito en esta labor tan efectiva.

DESARROLLO DE UNA CLASE AL AIRE LIBRE

1. Tocar un instrumento musical para atraer la atención de los niños. El acordeón es un instrumento fantástico para usarse, ya que a los niños les encanta ver tocar este instrumento y al oírlo se juntarán con mucha curiosidad. Si hay clases con regularidad en cierto parque, los niños con sólo oír la música se vendrán corriendo para oír otra historia de Jesús.

2. Enseñar coritos fáciles, alegres y con mensaje de salvación. No debe usarse coros muy largos o con palabras difíciles para los niños. Tampoco enseñar coros que requieren el uso de láminas o pizarrón o letra escrita de otro modo. Deben ser "pegadizos" los cuales los niños podrán memorizar rápidamente y cantar luego en sus hogares.

3. Enseñar un texto bíblico con mensaje de salvación. También no deben ser demasiado largos o con palabras muy difíciles.

4. Presentar una lección visualizada con aplicación de salvación: Cuando se enseña al aire libre es importante usar medios visuales en forma de láminas o libros ilustrados. No se puede usar franelógrafo al aire libre porque el viento se lleva las figuras.

5. Hacer la invitación para que los niños reciban a Cristo en su corazón. Luego de la lección, al final de la clase, se debe hacer la invitación con claridad y pedir que los niños demuestren su decisión llegando hasta el maestro para oración y palabras de orientación.

MINISTRANDO SALVACIÓN A UN NIÑO

1. Presente versículos bíblicos que traten sobre la salvación: 1 Juan 1:7, Juan 1:12; 1 Juan 1:9; Juan 3:16, etc.

2. Explique lo que significa frecibir a Cristo: repita partes de la lección para aclarar ésto.

3. Guíe al niño en una oración de confesión de pecado y aceptación a Cristo como su Salvador. En lo posible, debe tratarse de que el niño ore en sus propias palabras.

9

LA ORGANIZACIÓN DE UNA ESCUELA DOMINICAL

"Y que desde la niñez has sabido las Sagradas Escrituras, las cuales te pueden hacer sabio para la salvación por la fe que es en Cristo Jesús."
2 Timoteo 3:15

¿Qué es una Escuela Dominical?

En su forma más sencilla, la escuela dominical es un grupo de personas que se reunen el día domingo con un maestro o maestra, que les enseña de la Palabra de Dios. Pueden reunirse en una iglesia, en un colegio, en un hogar o en un patio.

En su forma más completa, la escuela dominical es una combinación de personas, equipo, instalaciones materiales y un sistema eficiente de organización, con el propósito de enseñar la Palabra de Dios a cada miembro de una congregación.

EL PASTOR: Es el responsable de dar dirección a todas las secciones educativas de la iglesia y es el director de la escuela dominical también. El pastor debe estar al tanto de la escuela dominical, promoverla, inspirar a los obreros y promover un espíritu de armonía entre el personal. Debe hacer los anuncios y la promoción desde el púlpito en relación a la escuela dominical.

EL SUPERINTENDENTE: Es la persona que supervisa toda la escuela dominical y mantiene relación con el pastor, con los maestros de cada clase y con los alumnos en un sentido general.

El superintendente establece normas y metas, planifica actividades, organiza la escuela dominical, planifica reuniones de maestros, y entrenamiento para maestros, escoge el material a usarse en las clases (con la sugerencia de cada maestro), consigue los materiales de enseñanza tales como el pizarrón, el franelógrafo, mapas, sillas, mesas y se ocupa de ver que cada clase tenga un lugar donde reunirse. Mantiene relación con el tesorero y secretario de la escuela dominical.

SECRETARIO DE LA ESCUELA DOMINICAL: Es el encargado de archivar los datos de los alumnos de la escuela dominical, la asistencia, las direcciones de sus casas, los informes de los padres, se responsabiliza también de escribir cartas relacionadas con la escuela dominical. Asimismo, es el responsable de pedir el material didáctico a las librerías o casas publicadoras para las clases.

TESORERO: Recibe las ofrendas de cada clase, guarda control de cuánto es cada domingo, y lo entrega al tesorero de la iglesia (o lo guarda en el banco, como sea el caso de cada iglesia). Debe pagar las cuentas de la escuela dominical bajo la aprobación de los líderes. Debe rendir un informe periódicamente a la iglesia sobre los fondos, las entradas y salidas o sea, lo que entró como ofrenda y salió como gasto. Ayuda también a preparar un presupuesto cada año.

EL MAESTRO - LA MAESTRA: Es una persona madura que es responsable de la enseñanza bíblica de los niños. Dirije los cantos (alabanza y adoración), dirije la ofrenda, el tiempo de la oración y controla la disciplina. Prepara su lección cada semana, llega a tiempo para su clase, conoce bien a sus alumnos. Mantiene datos sobre cada alumno, visita a los miembros de su clase, ora por ellos y avisa con tiempo si no puede llegar un domingo.

CO-MAESTRO: Es una persona cristiana pero todavía entrenándose para ser un maestro de Escuela Dominical. Ayuda al maestro de la clase en todo y aprende haciendo cosas.

La Organización de la Escuela Dominical

La buena organización es fundamental para la educación cristiana eficaz. Cuando la escuela dominical está bien organizada y funcionando como debe ser, se observa que hay unidad de esfuerzo, y la responsabilidad de cada uno se distribuye con igualdad. De esta manera hay una enseñanza eficiente, una aportación definida al programa total de la iglesia y hay participación activa de muchos en la iglesia, que así pueden usar sus dones y ministerios para Dios. Con todo lo anterior, hay un servicio evidente al pueblo cristiano y público en general.

LA ORGANIZACIÓN DE LAS CLASES

Existen cuatro grandes divisiones que corresponden a etapas de la vida y que son consideradas como las fundamentales:

1. LA PRIMERA NIÑEZ: desde el nacimiento hasta los 6 años de edad.
2. NIÑOS: desde los 7 hasta los 12 años de edad.
3. JÓVENES: desde los 13 hasta los 20 años de edad.
4. ADULTOS: desde los 21 años en adelante.

Lo anterior significa que toda escuela dominical debe tener estas cuatro divisiones, sin importar su tamaño. Según la cantidad de asistencia de la escuela dominical, se dividirán las clases en forma diferente.

Por ejemplo, si hay entre 35 y 50 alumnos en la escuela dominical, se recomienda tener 5 clases. Estas serían : pre-primarios, primarios, primarios superiores, jóvenes-intermedios y adultos.

Si hay entre 50 y 70 alumnos, es recomendable dividir la escuela dominical de 6 a 8 clases, separando los intermedios de los jóvenes, y a los primarios superiores en clases para varones y clases para niñas.

Si hay entre 70 y 100 alumnos, se recomienda dividir en 9 a 12 clases, separando los pre-párvulos de los párvulos y separar los del primero, segundo y tercer grado. Si hay entre 100 y 150 alumnos en la escuela dominical, se recomienda dividir en 13 clases: separando cuarto, quinto y sexto grados en varones y niñas.

Si hay entre 150 y 200 alumnos, deben haber de 14 a 17 clases, separando los intermedios en varones y niñas.

Para más de 200 alumnos habrá 18 clases: pre-párvulos, párvulos, primer grado, segundo grado, tercer grado niñas, tercer grado varones, cuarto grado niñas, cuarto grado varones, quinto grado niñas, quinto grado varones, sexto grado niñas, sexto grado varones, intermedios niñas, intermedios varones, jóvenes de 15 años, jóvenes de 16 a 17 años, universitarios y adultos. Si la clase de adultos es demasiado grande, se podrá separar por sexos, por edades, por estado civil, por su conocimiento bíblico (básico o avanzado) o por temas de interés.

QUÉ HACER CUANDO LA IGLESIA NO DISPONE DE AULAS SUFICIENTES

Es importante que cada clase tenga su lugar donde reunirse. Puede dividirse el templo con cortinas o biombos, puede usarse patios cubiertos o cuartos de casas vecinas de personas cristianas que un día por semana presten su casa para la obra de Dios.

10

EXTENSIONES DE LA ENSEÑANZA

"Recorría Jesús todas las ciudades y aldeas, enseñando en las sinagogas de ellos, y predicando el evangelio del reino..." Mateo 9:35

Se considera como extensiones de la enseñanza a aquellas actividades especiales que no están en el programa regular de la iglesia. Son esfuerzos especiales que amplían el ministerio de la iglesia. En esta lección trataremos con tres extensiones principales de la iglesia: LA ESCUELA DE VACACIONES, EL CAMPAMENTO Y LA CLASE BÍBLICA DEL HOGAR.

LA ESCUELA BÍBLICA DE VACACIONES (E.B.V.)

¿Qué es la Escuela Bíblica de Vacaciones?

Es una escuela bíblica celebrada en el tiempo de las vacaciones escolares, que aplica los principios de evangelismo y educación al nivel de los alumnos de diferentes edades.

La Escuela Bíblica de Vacaciones complementa las

otras actividades de la iglesia por lo tanto cada iglesia debe incluirla como parte vital del calendario de actividades anuales. En tiempo de vacaciones, los niños descubren que tienen mucho tiempo disponible y la E.B.V. lo utiliza para provecho espiritual en sus vidas. Para cada semana de E.B.V. los maestros pueden lograr quince horas de enseñanza que equivalen a más de tres meses de clases en la escuela dominical. La E.B.V. provee una o dos semanas de actividades provechosas.

Propósitos de la Escuela Bíblica de Vacaciones

1. Evangelizar a los niños fuera de la iglesia, a sus padres también.
2. Ofrecer enseñanza adicional para los niños de la escuela dominical.
3. Proveer mayor preparación y experiencia para los maestros de la escuela dominical.
4. Descubrir y entrenar a nuevos obreros para la escuela dominical.
5. Aumentar la asistencia y membresía de la iglesia a través de este esfuerzo.

Personal de la Escuela Bíblica de Vacaciones

1. EL PASTOR: Escoge al director de la Escuela Bíblica de Vacaciones y actúa como consejero en todo momento.

2. EL DIRECTOR: Supervisa todas las actividades, consigue el material, prepara el presupuesto, consigue maestros y ayudantes, prepara un programa, define el horario y dirige las reuniones de apertura y clausura.

3. SECRETARIO-TESORERO: Supervisa la inscripción de los alumnos, guarda informes de las finanzas y asistencia, administra las finanzas, y rinde cuentas al director.

4. MAESTROS: Estudian los manuales, preparan sus lecciones con oración, preparan manualidades y planifican con sus ayudantes las actividades de cada día para su clase.

5. AYUDANTES: Ayudan con la disciplina, las manualidades, la limpieza, la merienda; supervisan los juegos, ayudan en todo.

6. AYUDANTES ESPECIALES: Hay encargado de propaganda para anunciar la Escuela Bíblica de Vacaciones; hay un encargado de música, recreo, deportes y merienda.

EL CAMPAMENTO

¿En qué consiste? Es un programa cristiano en un lugar apartado para jóvenes, adolescentes o niños. El campamento constituye una de las actividades más alegres y provechosas que hay en el programa educativo de la iglesia.

Permite contacto personal durante un tiempo prolongado (de varios días hasta dos semanas) con su consejero y los líderes del campamento, y provee enseñanzas prácticas en un ambiente más cerca de la naturaleza, con clases y actividades al aire libre. Por eso el campamento da lugar a que Dios haga milagros maravillosos en la vida de cada campamentista. Los campamentistas viven en una cabaña o carpa con un consejero quien los supervisa todo el tiempo. Hay un programa de clases, actividades variadas como deportes, juegos dirigidos, fogatas, caminatas, manualidades... una multitud de cosas hermosas.[1]

Los Propósitos del Campamento

CONVERSIÓN: Darle al campamentista la oportunidad de aceptar a Jesucristo como su Salvador personal.
CONSAGRACIÓN: Llevar al campamentista a una dedicación completa de su vida al Señor
CRECIMIENTO ESPIRITUAL: Proveerle al campamentista de un ambiente para que crezca en su vida física, intelectual, social y espiritual.

El Personal del Campamento

1. DIRECTOR DEL CAMPAMENTO: Coordina todas las actividades, horarios, reglamentos, personal y propaganda; enfrenta los problemas y mantiene un espíritu de armonía.

2. DIRECTOR DE TRABAJOS MANUALES: Planifica actividades interesantes y propicias a la edad de los campamentistas, consigue materiales y supervisa las actividades a realizar.

3. JEFE DE MÚSICA: Selecciona los cantos que usarán, prepara el cancionero si se usará y dirigirá la música durante el campamento. Proveerá también de música especial.

---

1. Ver CAMPAMENTOS EVANGELISTICOS, de esta misma colección.

4. JEFE DE DEPORTES: Organiza y supervisa los juegos y deportes en los horarios designados para ese fin, tratando que cada muchacho participe. Debe planificar juegos de campo, de sala y de mesa para interesar a todos.

5. EL CONFERENCISTA O MAESTRO BÍBLICO: Prepara los mensajes con tiempo y oración, pensando en la edad y necesidades de los campamentistas. Utiliza ayudas visuales. Toma tiempo con los campamentistas contestando sus preguntas y observando su crecimiento espiritual.

6. ENCARGADO DE NATACIÓN: Establece reglamentos e insiste en que se cumplan. Vigila constantemente la seguridad de los muchachos cuando están nadando.

7. JEFE DE CONSEJEROS: Selecciona los consejeros, provee materiales de enseñanza, mantiene comunicación con ellos durante el campamento, enfrenta problemas, rinde informes al director del campamento al final del mismo.

8. CONSEJEROS: Acompañan y ministran a sus campamentistas en todo momento, buscando desarrollar una buena relación con los de su cabaña. Es responsable de los de su cabaña, en el orden, la disciplina, problemas y salud y dirige el tiempo devocional al terminar cada día.

9. EL ADMINISTRADOR O TESORERO: Juntamente con el director del campamento prepara el presupuesto y lleva la contabilidad del campamento. Recibe y distribuye todos los fondos conforme al presupuesto programado. Presenta un informe completo al final del campamento.

10. JEFE DE COCINA: Es el encargado de hacer un menú adecuado y de elaborar el horario para las comidas y asegurar que todo esté listo a tiempo. Supervisa la higiene y el lavado de los platos, supervisa a todo el personal de la cocina.

11. COCINERAS: Trabajan bajo la dirección del jefe de cocina.

12. LA ENFERMERA: Tiene un botiquín completo y vela por la salud del personal como de los campamentistas.

13. ENCARGADO DE LA TIENDA: Mantiene un surtido de comidas y artículos útiles a los campamentistas y consejeros; vende sólo en horarios definidos y entrega cuentas diarias al tesorero.

14. JEFE DE TRANSPORTE: Busca con tiempo vehículos en buen estado para el transporte necesario. Se informa de los precios y comunica todo informe al director del campamento. Es responsable de contratar los autobuses y de pagar el transporte.

CLASE BÍBLICA EN EL HOGAR

Ha surgido la clase Bíblica en el hogar como un método práctico para ganar a los niños para Cristo. Luego de salir de la escuela un día de la semana, o quizá un sábado de mañana, se juntan los niños para una hora de clase para cantar, aprender versículos bíblicos, oír una historia bíblica y recibir una invitación para recibir a Cristo como su Salvador.

Hay niños a quienes no les permiten asistir a la escuela dominical, o cuyos padres no hacen el esfuerzo para llevarlos. Con gusto asistirían a una clase en la casa de una vecina. Luego; la maestra podrá invitar a estos niños a acompañarle a la escuela dominical.

El ambiente en el hogar es más informal, y provee una situación ideal para evangelizar al vecino.

11

PROMOCIÓN DE LA ESCUELA DOMINICAL

"Dijo el Señor al siervo: Ve por los caminos y por los vallados, y fuérzalos a entrar, para que se llene mi casa". Lucas 14:23

Es lamentable que muchas Escuelas Dominicales tienen poca asistencia en comparación con las demás actividades de la iglesia. Otras tienen buena asistencia pero con un poco de esfuerzo podrían duplicar la asistencia. Veamos varias sugerencias que podrán aumentar la asistencia de su Escuela Dominical.

Reclute y Prepare más Maestros

Su iglesia debe tener suficientes maestros porque debe haber un maestro por cada diez alumnos en la Escuela Dominical. Cuando hay muchos alumnos por clase, el alumno se siente perdido e ignorado. El maestro debe dar atención personal a cada uno y conocer a cada alumno. En una clase pequeña se podrá lograr esto.

Los maestros deben continuamente mejorar su enseñanza, y deben haber clases con este propósito para desafiarles a mayores logros en su enseñanza. Un maestro que se niega a asistir a tales clases no debe continuar como maestro. Para los maestros nuevos debe haber preparación intensiva para ese ministerio tan importante en la iglesia.

Mejore las Clases y las Aulas

No se debe amontonar las aulas con demasiados alumnos. Divida las clases que son muy numerosas. Asegúrese que hay un lugar para cada clase. Aproveche al máximo el espacio disponible de su iglesia y al construir o ampliar el local, tome en cuenta la Escuela Dominical.

Conserve la Asistencia Actual

No pierda a los alumnos que ya asisten a la Escuela Dominical. Fomente asistencia regular a través de concursos de asistencia y programas especiales.

Visite a los alumnos de vez en cuando así ellos se sienten que son amados. Cuando un alumno falte, es recomendable realizar una visita para ver si está enfermo o desganado. Se logra mucho a través de las visitas. Para esto habrá que tener una lista de los alumnos con su respectiva dirección.

Buscando Gente Nueva

Los de la Iglesia que no asisten a la Escuela Dominical. El pastor debe anunciar desde el púlpito del ministerio de la Escuela Dominical, las clases que hay y su valor para cada miembro de la iglesia. Así logrará que las gentes de la congregación se interesen y comiencen a asistir.

Familiares de los que ya asisten a la Escuela Dominical. Hay padres y hermanos que no asisten, tíos y abuelos, a quienes se les debe invitar.

Conocidos o vecinos de los miembros de la Escuela Dominical. Cada alumno puede ser un misionero donde vive y promover interés hacia la Escuela Dominical.

Gentes de la Comunidad. Hay personas que viven cerca de la iglesia que no asisten a ningún templo y al saber qué les ofrece la iglesia, podrán tomar interés en asistir.

En resumen: Debemos continuamente promover la Escuela Dominical para que muchas personas aprovechen de las enseñanzas Bíblicas que se imparten.

12

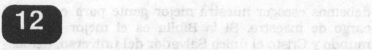

EL ENTRENAMIENTO DE MAESTROS

"Lo que has oído de mí ante muchos testigos, esto encarga a hombres fieles que sean idóneos para enseñar también a otros." 2 Tim. 2:2

"No hay suficientes maestros". "No hay maestros preparados". Esto es lo que dicen muchos pastores que se preocupan por la enseñanza de la Palabra de Dios. Los dos factores son importantes en un programa de educación cristiana en la iglesia: que hayan suficientes maestros de la Biblia, y que estos maestros sepan enseñar.

ESTUDIE SU POTENCIAL

Mire detenidamente a los cristianos de su congregación. ¿Quiénes son fieles? (Según 2 Timoteo 2:2). ¿Quiénes aman y conocen la Palabra de Dios? ¿Quiénes saben enseñar? ¿Quiénes podrán llegar a ser maestros de la Biblia luego de una prepración adecuada?

Es tan importante la enseñanza de la Biblia que

debemos escoger nuestra mejor gente para ocupar el cargo de maestro. Si la Biblia es el mejor libro del mundo y Cristo el único Salvador del universo, demostramos desprecio a las Sagradas Escrituras y a Cristo mismo poniendo personas sin capacidad ni seriedad como maestros en la iglesia.

Debemos alimentarnos bien de la Palabra de Dios a través de maestros dedicados. Hay personas que desconocen su propia capacidad o talento. Hay otros muchos que están mal ubicados en su ministerio en la iglesia. Cada persona, según su capacidad y vocación, debe ocupar su propio lugar en el ministerio de la iglesia.

RECLUTAMIENTO DE MAESTROS

1. *Por llamado divino de Dios al individuo*

Hay personas que sin que se le dijera cosa alguna, sienten la vocación de servir al Señor. Jesús llamó a los doce discípulos y los entrenó tres años. En Hechos 13, vemos que el Espíritu Santo separó a Pablo y Bernabé para el ministerio.

2. *Por selección de los miembros de la iglesia*

Tenemos dos ejemplos: en Hechos 1:15-26 cuando se eligió al apóstol que ocuparía el lugar de Judas. Luego en Hechos 6:1-6 hubo elección de los siete diáconos. Hubo oración y preparación antes de esta selección.

3. *Por Voluntarios*

Cuando se presenta la necesidad de maestros se ofrecen los voluntarios, y luego se ora y se entrevista con la persona para ver si puede o no ocupar ese ministerio.

El entrenamiento de Maestros

Cada iglesia debe tener medios de entrenamiento donde los líderes se forman para la gloria de Dios. Esto es importante especialmente para los jóvenes. Necesitan un lugar donde aprender y entrenarse. Los muy agresivos necesitan usar sus talentos sin orgullo.

Los fracasados y tímidos necesitan enfrentarse con sus frustraciones y complejos para poder desarrollar su talento para el Señor. No hay persona que no pueda aprender a servir al Señor.

MEDIOS DE ENTRENAMIENTO

1. *Aprender de la Experiencia*

Se aprende a través de los errores y equivocaciones en el mismo campo de la enseñanza. Este celo sin sabiduría ni preparación puede resultar en daños irreparables. Este método es costoso. Vemos que los maestros de las escuelas públicas o privadas son entrenados y certificados antes de ejercer. Pero en la iglesia entregamos las vidas espirituales de nuestros niños a personas sin experiencia ni preparación. Luego nos quejamos de que no hay crecimiento espiritual, de que no hay aprendizaje de las Escrituras.

2. *Estudiar en Escuelas o Institutos Bíblicos*

Hay institutos bíblicos que ofrecen cursos sobre la educación cristiana y métodos de la enseñanza bíblica. el problema con este medio de entrenamiento es que muy pocas personas pueden aprovechar del mismo.

La juventud puede tomar uno o más años para prepararse, pero las personas casadas o con empleos y otras responsabilidades no pueden hacerlo.

3. *Cursillos en las Iglesias*

Se pueden organizar clases de entrenamiento para maestros en una iglesia. Quizás varias iglesias pueden organizarlo para aprovechar mejor el cursillo. Puede ser una noche por semana, durante diez semanas, por ejemplo, y ofrecer este cursillo dos veces al año. Esta preparación de maestros puede incluir enseñanza sobre conocimiento bíblicos básicos del Antiguo Testamento, del Nuevo Testamento, sobre la Escuela Dominical, la Psicología del Niño, o Métodos de Enseñanza. La persona que generalmente está mejor preparada para enseñar estos cursillos es el Pastor, quien puede incluir ayuda de los de su congregación que son profesionales en campos relacionados, como son los maestros de las escuelas públicas.

También se puede invitar a profesores especializados para enseñar.

4. *Cursos por Correspondencia*

Este medio de entrenamiento permite a las personas interesadas estudiar una serie de lecciones por correspondencia en su hogar, en las horas libres que tenga cada uno. Pueden ser cursos bíblicos o cursos sobre la enseñanza. Este método requiere disciplina del alumno, requiere cierta capacidad de estudio por su cuenta y mucha más lectura.

5. *Seminarios o Talleres para Maestros*

Un seminario o taller es el que se organiza por uno o varios días de enseñanza concentrada.

Es mucho trabajo y mucho aprendizaje en poco tiempo. Es cierto que no se puede profundizar mucho, ni ampliarse en los temas, por el tiempo limitado.

6. *Plan de Lectura Individual*

La persona que desea superarse y prepararse para servir al Señor puede conseguir libros adecuados para estudiar en su hogar. Hay muchos libros sobre tantos temas que pueden ayudar a la persona deseosa de ampliar sus conocimientos bíblicos.

7. *Clase Semanal para Maestros*

Este es un plan continuo de preparación de los maestros. Hay evaluación del trabajo que se está desarrollando, oración y una clase sobre enseñanza. Generalmente se reúnen una noche durante la semana los que ya son maestros como también los que desean ser maestros.

UBICACIÓN DE LOS OBREROS

No todos pueden desempeñar el ministerio de la enseñanza bíblica. Aunque una persona estudie y se esfuerze, esto no garantiza que logrará ser buen maestro de la Palabra de Dios. Por eso es que con cuidado los maestros deben ser colocados en lugares donde puedan rendir al máximo de servicio para el Señor. En el ministerio de la Escuela Dominical hay necesidad de superintendentes, maestros que enseñen, maestros ayudantes, maestros de música, encargados de manualidades, etc.

Debe haber una ubicación adecuada para cada persona que desea servir al Señor.

TRES PROPÓSITOS DE LA ESCUELA DOMINICAL

1. Cada alumno un **CRISTIANO**
2. Cada cristiano un **OBRERO**
3. Cada obrero **PREPARADO**

sección

EN ACCIÓN

1

LA IMPORTANCIA DE LOS MÉTODOS

Al finalizar una clase bíblica, los alumnos comentaban: "¡Qué lástima que terminó la hora!" Otro decía: "Nunca olvidaré esa lección que nos dieron". Y aún otro, "¡Qué interesante fue nuestra clase!" ¿Qué maestro bíblico no desea oír semejantes comentarios luego de su clase?

La efectividad de la enseñanza descansa en gran parte en la metodología que se usa. Jesús tuvo tanta efectividad que impactó a la humanidad a través de sus enseñanzas. Sin embargo, Jesús no usó métodos como los que se usan actualmente. Juan A. Mackay dijo que Jesús "Tenía su método que, como todo método verdadero estaba determinado por dos factores: el contenido de su enseñanza y la capacidad receptora de las promesas que deseaba instruir."[1]

Una cosa notable de la persona de Cristo es su vida. Es verdad, dice LeRoy Ford que: "la vida del maestro constituye el factor más potente en su método de enseñanza y el auxilio más efectivo en el aprendizaje."[2]

---

1. MACKAY Juan A. *MAS YO OS DIGO* p. 27
2. FORD, LeRoy *SUGERENCIAS PARA AYUDAS VISUALES* p. 12

La vida espiritual del maestro bíblico sobrepasa en importancia a una enorme cantidad de métodos pedagógicos enseñados sin convicción personal y sin una vida que respalde su enseñanza.

En los últimos siglos se han levantado educadores que promovieron cambios drásticos en la enseñanza escolar. Estos cambios incluyeron el agregado de métodos más efectivos en la enseñanza como el pizarrón y las filminas. Comenta al respecto Juanita de Robinson, diciendo:

> "Muchos de ellos son aplicables a la enseñanza bíblica y la harían más atractiva para el alumno. ¿Por qué no los aprovechamos en la escuela dominical? Para comunicar las verdades eternas, es necesario hacerlo en la forma en que el alumno las pueda asimilar."[1]

James Brown enlista una cantidad de medios educativos. ¿Cuántos de estos medios se usan para la enseñanza de la Palabra de Dios?

Aquí tenemos la lista del autor Brown:

1. Libro de texto
2. Libros de consulta
3. Libros complementarios
4. Enciclopedias
5. Revistas y periódicos
6. Documentos y recortes
7. Materiales duplicados
8. Materiales programados (autoinstrucción)
9. Películas de cine
10. Programas de televisión
11. Programas de radio

---

1. ROBINSON, Juanita de *GUÍA PARA EL DEPARTAMENTO DE PRIMARIOS* p.2

12. Grabaciones (en cassettes y discos)
13. Imágenes planas
14. Dibujos y pinturas
15. Transparencias grandes y chicas
16. Filminas
17. Microfilmes
18. Microtarjetas
19. Estereógrafos
20. Mapas o globos terráqueos
21. Gráfica
22. Cuadros
23. Diagramas
24. Carteles
25. Caricaturas
26. Títeres
27. Modelos
28. Simulaciones
29. Colecciones
30. Especímenes
31. Materiales para franelógrafo
32. Materiales para pizarrón magnético
33. Materiales para pizarrón
34. Materiales para dibujo
35. Materiales de exhibición
36. Equipos de multimedios[1]

Muchos de estos métodos de enseñanza se usan actualmente en escuelas de los Estados Unidos de Norteamérica. Comenta al respecto Emma Pettey:

> "Así como las leyes de la enseñanza no cambian a través de las edades y condiciones variables, de la misma manera los principios de la enseñanza no cambian. Sólamente los métodos y la materia varían

---

1. BROWN, James W. *INSTRUCCIÓN AUTIOVISUAL, TECNOLOGÍA, MEDIOS Y MÉTODOS.* p. 13

reflejando el espiritu de la época y el progreso en el entendimiento del verdadero significado de la educación."[2]

¿A qué se debe que en las escuelas públicas aplican nuevos métodos de enseñanza, y en cambio las iglesias cristianas siguen usando métodos anticuados? Debiéramos preguntarnos: ¿Cuánta importancia tiene la instrucción espiritual en comparación con la instrucción intelectual?

Quizás uno de los problemas sea el tener actitudes negativas acerca del uso de los métodos de enseñanza. Algunos creen que con sólo presentar un estudio bíblico, sin visuales, y sin métodos didácticos, pueden comunicarles a sus alumnos verdades de valor eterno y que, por ser la Palabra de Dios, esas verdades van a penetrar en sus vidas. Esto no es cierto. Depende de qué métodos use el maestro para que las verdades espirituales penetren en las vidas de los alumnos.

2. PETTEY, Emma *GUIANDO A LOS PRINCIPIANTES EN LA ESC.DOM.* p. 69

Diferentes métodos tienen diferentes resultados en la enseñanza. Edgar Dale, pionero del movimiento audiovisual en la educación secular, expresa apropiadamente esta teoría mediante una figura. Toma la forma de un cono que titula "la experiencia". En él hay diez niveles. La base está constituida por tres niveles llamados "hacer" que son los más efectivos en la enseñanza-aprendizaje. La sección media del cono se titula "observación" y consiste en cinco niveles. Esta sección media del cono describe las experiencias que los métodos visuales tratan de utilizar. La parte superior y más delgada del cono se titula "simbolismos" y consta de dos niveles. Se afirma que estos son los menos efectivos en las experiencias de aprendizaje.[1]

Al estudiar esta figura y evaluar la manera en que se enseña la Biblia le llaman "el libro peor enseñado en todo el mundo".

Mucha de la enseñanza bíblica está basada en simbolismos. Los métodos de "observación" y métodos de "hacer" (que son los más efectivos en la enseñanza) se usan muy poco.

LOS CINCO SENTIDOS

Otra manera de expresar cómo una persona aprende es a través de los cinco sentidos. Comenta Luisa de Walker al respecto:

> "Los cinco sentidos son las cinco puertas por las cuales el conocimiento llega a la mente. Aunque el maestro conozca a Dios, a la Biblia y a los alumnos, no logrará éxito a menos que sepa enseñar. Tiene que

---

1. ROOD, Wayne *EL ARTE DE ENSEÑAR EL CRISTIANISMO* p. 114

conocer distintos métodos de enseñanza y cómo emplearlos."[1]

Los cinco sentidos (vista, oído, tacto, gusto y olfato) son las "cinco puertas" por donde se recibe enseñanza, lo cual provoca cambios en la vida. Se ha discutido mucho sobre cuál de las "cinco puertas" es la más susceptible a la enseñanza y a la cual el maestro debe apelar más. Nos indica Elizabeth Shields:

> "Por supuesto que todos están de tal modo relacionados que no podemos dar una respuesta categórica a esta pregunta, pero no es una pregunta ociosa, porque nos llevará a pensar en algunos de nuestros métodos y a valorizarlos."[2]

En varios estudios hechos, se trató de ver cuáles de los cinco sentidos son los más receptivos para la enseñanza. Clarence Benson dice:

> "El niño recuerda el 10% de lo que oye, 50% de lo que ve, el 70% de lo que dice, y el 90% de lo que hace"[3]

Luisa de Walker dice que:

> "Se recuerda un 10% de lo que se oye, 50% de lo que se ve, 90% de lo que se dice y un 80% de lo que se hace."[4]

---

1. WALKER, Luisa Jeter de *MÉTODOS DE ENSEÑANZA* p. 10
2. SHIELDS, Elizabeth MsEwen *CONOZCAMOS AL PRE-ESCOLAR* p. 67
3. BENSON, Clarence *EL ARTE DE ENSEÑAR* p. 45
4. WALKER, Luisa J. de ibid. p. 11-12

Enrique Sánchez en su libro Métodos Audiovisuales, opina que:

> "la medida en que se percibe es: vista 87%, oido 7%, tacto 3,5%, gusto 1,5%, olfato 1%".[1]

Aunque varían las opiniones acerca de cuál de los cinco sentidos es mejor para la percepción y el aprendizaje, la mayoría de los criterios concuerdan en que lo que uno, hace, dice y ve, es mucho más importante que solamente oír. La buena enseñanza debe tratar de apelar a todos los sentidos para que haya mayor aprendizaje.

En los capítulos subsiguientes estudiaremos cada uno de los cinco sentidos, y los métodos que se aplican para el aprovechamiento de cada uno en particular.

---

1. SÁNCHEZ, Enrique *MÉTODOS AUDIOVISUALES p. 3*

dice la palabra de Dios

2

ENSEÑANDO A TRAVÉS DEL OÍR

La enseñanza a través del oído es el método base para casi todos los demás métodos. Si un maestro no usa ningún otro método, por lo menos ha de usar el método de apelar al oído del alumno. La mayoría de los otros métodos se apoyan en este método para lograr un mayor aprendizaje. ¿Qué métodos apelan especialmente al oído? Nos dice Luisa de Walker:

> "Apelamos al sentido del oído por medio del discurso, de la narración, de las preguntas y respuestas, y de las explicaciones necesarias en los demás métodos. Se recuerda el 10% de lo que se oye."[1]

LA CONFERENCIA

La conferencia es también llamada por algunos autores la "disertación", la "exposición", o el "discurso".

---

1. WALKER, Luisa J. de *MÉTODOS DE ENSEÑANZA* p. 10

Gonzalo Báez-Camargo define la conferencia como la "presentación directa de datos, conocimientos y proposiciones acompañados de explicaciones."[2]

LeRoy Ford dice que: "Una conferencia es tratar de manera ordenada un tema específico, a través de un discurso, con propósito de instruir."[3]

Wayne Rood dice:

> **"La disertación es el método por excelencia de la educación formal. El maestro habla más o menos continuamente a la clase. Los alumnos escuchan, toman notas, y pesan lo que el maestro ha dicho, pero lo hacen mayormente después y fuera del aula."[4]**

PROBLEMAS CON LA CONFERENCIA

En estos días en los cuales se ha enfatizado el uso de los visuales, se ha criticado mucho el método de la conferencia. ¿Dónde radica el problema? Nos dice LeRoy Ford:

> **"Algunos maestros y líderes emplean la conferencia cuando verdaderamente no debieran... pero después de todo, ¿quién está en la silla del acusado, la conferencia o el conferenciante? ¿El método o el individuo?[5]**

El mismo LeRoy Ford luego presenta dos tipos de conferencias, la conferencia fija, y la conferencia educa-

---

2. BÁEZ-CAMARGO, Gonzalo *PRINCIPIOS Y MÉTODOS DE LA EDUCACIÓN CRISTIANA* p. 190
3. FORD, LeRoy *LA CONFERENCIA EN LA ENSEÑANZA* p. 116
4. ROOD, Wayne *EL ARTE DE ENSEÑAR EL CRISTIANISMO* p. 91
5. FORD, LeRoy *LA CONFERENCIA EN LA ENSEÑANZA* p. 11

tiva. La primera es dada por un maestro que ignora al grupo y no tolera interrupciones. Este método de la conferencia fija no es muy efectivo. Los mejores maestros usan la conferencia educativa (la conferencia interrumpida) cuando la conferencia se adapta a las necesidades del grupo permitiendo sus preguntas cuando éstas den una orientación práctica al tema presentado.

Cuando no se permite a la clase hacer preguntas, el maestro no podrá descubrir cuáles son sus conceptos equivocados y no los podrá corregir. También la conferencia fija no permite aprovechar las ideas que puedan aportar los miembros de la clase, ya que el método de la conferencia se usa mayormente con los jóvenes y adultos. Cuando los alumnos no participan en la clase hay aburrimiento aunque éste se disimule cortésmente.[6]

Carolina Henderson explica claramente que este método es difícil de usarse con éxito y da las razones al respecto:

> "Es probable que la conferencia constituye el método de enseñanza más difícil de emplearse con buen éxito. Es un método engañoso, tanto para el maestro como para el alumno. Lo es porque éstos pueden recibir cierta satisfacción pasiva de escuchar verdades que no están dispuestos a poner en práctica. Y aquel puede creer que los comentarios elogiosos que se hagan de su discurso constituyen la evidencia de haber enseñado."[7]

---

6. HENDERSON, Carolina *CUÁLES MÉTODOS EMPLEARÉ CUANDO ENSEÑE* p. 4
7. HENDERSON, Carolina *CUÁLES MÉTODOS EMPLEARÉ CUANDO ENSEÑE* p. 4

CUANDO USAR LA CONFERENCIA

Se ha dicho que la conferencia *no* es el mejor método; sin embargo, hay ocasiones en que su uso es indispensable. El buen maestro sabrá usar la conferencia en su debido lugar y tiempo. LeRoy nos da seis situaciones en las cuales debemos usar la conferencia:

1. Cuando ya ha habido motivación para los alumnos.
2. Cuando necesitan transmitir mucha información en breve plazo.
3. Cuando la experiencia del alumno hace que las palabras adquieran significado para él.
4. Cuando los maestros tienen percepciones o informaciones inusitadas no compartidas por el grupo.
5. Cuando el grupo es demasiado numeroso para usar otros métodos.
6. Cuando se tiene la pericia necesaria."[8]

Jesucristo usó mucho la conferencia en su enseñanza. Algunos de los apóstoles también usaron la conferencia o el discurso. Todo maestro debe desarro-llar la capacidad de usar este método.

COMO MEJORAR LA CONFERENCIA

El tono de voz del maestro afecta mucho para lograr efectividad en la enseñanza. Ayuda a mantener la atención, o a perderla. Nos dice Edith Lantz que: "algunas personas tienen una voz agradable, otras no. Afortunadamente se puede cultivar una voz que sea agradable para los que escuchan".[9] Ella sugiere que se grabe la

---

8. FORD, LeRoy *LA CONFERENCIA EN LA ENSEÑANZA* p. 35
9. LANTZ, Edith *MEJOR ENSEÑANZA PARA PRIMARIOS AVANZADOS* p. 56

voz para analizarla y contestar sinceramente la pregunta: ¿De veras quisiera escuchar esta voz durante toda la clase?

Otro factor que ayuda a mejorar la conferencia es el ambiente que prepara el maestro. Si la clase no es muy grande usará un tono conversacional en su enseñanza y puede impartir su clase sentado.

Deberá incluir narración de experiencias personales como parte de su discurso, y usar los nombres de sus alumnos cuando se dirige a ellos. Si comienza la clase con una actividad informal aumentará el interés, como también el saber usar correctamente el buen humor. El salón deberá arreglarse de manera informal.

Muchas veces se usa el término "conferencia" en relación con una predicación en una reunión o culto general. Pero cuando hablamos de enseñar por medio de la conferencia en una clase, estamos hablando de otra cosa. Nos aclara Báez-Camargo:

> "Debe tomarse en cuenta que una clase no es lo mismo que un sermón o una conferencia. La exposición no es más que uno de los varios procedimientos que pueden y deben emplearse en clase y jamás debe absorber todo el tiempo que ésta dura. Por lo menos deben intercalarse preguntas."[10]

EL MÉTODO DE LA HISTORIA

Se tiende a usar la conferencia al enseñar a los jóvenes y adultos y de la misma manera se tiende a usar la historia o narración con los niños. Es verdad que la conferencia no se adapta bien para los niños, sin

10. BÁEZ-CAMARGO, G. *PRINCIPIOS Y MÉT. DE LA ED. CRIST.* p. 191

embargo, el método de la historia sí tiene su lugar en la enseñanza de los jóvenes y adultos. Lamentablemente se usa poco este método con adultos. Dice James Smart al respecto:

> "La falsa impresión común entre los adultos de que todo lo que tiene forma de historia en las Escrituras es para niños y no para adultos. No esperan encontrar en ellas un significado para adultos. Necesitan que se les diga, por el contrario, que nada en la Biblia fue escrito especialmente para niños. Del principio al final es un libro para adultos."[11]

Es claro que los relatos de la Biblia, como las partes doctrinales, son igualmente importantes en la enseñanza de los adultos. La historia seguirá siendo un método de preferencia para los pequeños, pero necesita ser usado con sabiduría con las demás edades también. Al respecto nos dice Wayne Rood:

> "A grupos de toda edad se les puede relatar historias y a veces, si son bastantes buenas, simultáneamente a todos ellos."[12]

El método de la historia lo usó el Señor Jesucristo a través de las parábolas, pequeñas historias con un significado profundo. Usó ilustraciones de la vida real para inculcar una verdad con valor eterno, y las usó con los adultos.

Nos dice Willard Taylor:

> "Una parábola es un relato que procede de la vida

---

11. SMART, James *EL MINISTERIO DOCENTE DE LA IGLESIA* p. 156
12. ROOD, Wayne *EL ARTE DE ENSEÑAR EL CRISTIANISMO* p. 104

diaria y que se narra para ilustrar alguna verdad. El vocablo 'parábola' significa: 'situados juntos' o sea, que cierta verdad se sitúa junto a una experiencia de la vida cotidiana para hacer la verdad más comprensible."[13]

A través de los siglos, la historia ha sido usada para la comunicación entre los hombres. Nos dice Gonzalo Báez-Camargo que:

> "La narración, en sus varias formas (v.gr. mitos, leyendas, tradiciones, historia, fábulas, parábolas, cuentos, anécdotas, etc.), ha sido desde tiempos antiquísimos una de las maneras más importantes y efectivas de transmitir enseñanzas y memorias de hechos."[14]

Nos dice Peter Person que "la narración oral es quizás el método más antiguo de la instrucción".[15]

HISTORIAS PARA DIFERENTES EDADES

Historias Realistas - para los párvulos

Los párvulos, niños de 3 a 5 años, viven un periodo realista. Tienen interés en las cosas de su mundo, los animales, los niños, la vida de la familia, juguetes. Son cosas que conocen. Desde ya, no pueden concentrarse por largo tiempo en una historia, sin embargo, las historias cortas de 3 a 4 minutos les gustan mucho, y les enseñan cosas de Dios.

---

13. Citado por Báez-Camargo *PRINCIPIOS Y...* p. 202
14. BÁEZ-CAMARGO, gonzalo *PRINCIPIO Y ...* ibid. p. 202
15. PERSON, Peter *INTRODUCTION TO CHRISTIAN EDUCATION* p. 85

Historias Imaginarias — para los principantes

Los principiantes, niños de 6 a 8 años, tienen una imaginación muy desarrollada y se gozan con historias de hadas, gigantes, y lo sobrenatural. Saben diferenciar lo real de lo imaginario, lo exagerado. Con esta edad se pueden usar relatos bíblicos que los párvulos no podrían comprender, ni tener interés. A los principiantes les gustan las historias de los ángeles, los milagros, todo lo que se relaciona con lo sobrenatural.

Historias de Aventuras - para los primarios

El primario de 9 a 10 y 11 años está viviendo en el período aventurero. Al primario le gusta oír historias de acción y de valor físico, más que valor moral. Él busca en las historias héroes para admirar, niños o adolescentes que hacen cosas valientes. Nos dice Lois LeBar que los niños de esta edad quieren relatos verídicos. Desean acción y conflictos con mucho suspenso.[16]

Historias de Héroes - para los intermedios (adolescentes)

El intermedio o adolescentes (12-14), comienza a ampliar el horizonte de su mundo de niño para incluir intereses y experiencias de los adultos. Pueden experimentar este campo nuevo por substitución por medio de relatos. Necesitan descubrir que otros adolescentes y jóvenes han sentido lo mismo que ellos en la transición física y emocional propia de la edad, y que lograron éxito en ese período de transición.[17]

---

16. LEBAR, Lois y Miguel Berg *LLAMADOS A ENSEÑAR* p. 66
17. LEBAR, Lois y Miguel Berg. Ibid. p. 66

El intermedio está interesado en historias de valor moral. Le atraen los héroes jóvenes y adultos que tienen fuerza de carácter y no son meros aventureros. El intermedio admira mucho la lucha y el sacrificio.

Historias de Romance y Decisión - para los jóvenes

Los jóvenes de 15 a 25 años están viviendo en el período romántico o sea la edad emocional. Desean leer historias de amor ya que éstas influirán mucho en la formación de sus ideales, es importante que lean novelas con fundamento bíblico para evitar opiniones deformadas del amor y el sexo.

Los sentimientos son muy importantes por su relación con la conducta. Es el poder que existe detrás de la voluntad, y la voluntad detrás de la acción. Si el joven lee historias sanas de romance y decisión éstas tocarán su vida emocional, la cual afectará el resto de su vida.

Historias de Sacrificio y Servicio - para adultos

Al estudiar la Palabra de Dios, el adulto desea ver de qué manera aquellos principios se aplican a la vida real. Esto se puede lograr a través de las historias verídicas de personajes que tuvieron que enfrentarse con luchas en la vida, en el hogar, el trabajo y la vida social. Aun historias que tengan un final no muy feliz pueden ser de interés a un adulto. Al adulto le atraen las historias reales de otros profesionales, de adultos que han pasado por sacrificios y que sirven a la humanidad de una manera u otra.

Aun cuando el adulto llega a la ancianidad, las historias siguen siendo importantes en su vida. Le interesa de igual modo las historias de triunfo, de la vida espiritual, de viajes, de biografías, asuntos científicos, de romances, de proezas nobles.

CÓMO ESCOGER UNA HISTORIA

Una historia debe ser interesante y a la vez contener una enseñanza que beneficie la vida del alumno. Habrá que tener en cuenta la edad de los alumnos para relatar una historia que sea de su interés. Una historia debe hacer énfasis en algún aspecto de la vida espiritual y su aplicación a la vida real. Una historia puede enseñar la lealtad a la patria, amor al hogar, a la escuela y a los amigos. Las historias deben enseñar el respeto a los mayores, la cortesía, la limpieza y la buena manera de hablar. Se debe evitar relatar historias que presenten maldad hacia otras personas o animales, historias que presenten el éxito logrado por la deshonestidad, cosas que serían de mal ejemplo para los niños.

En la enseñanza a los pequeños se deben evitar las historias de temor, horror, venganza, historias de finales trágicos, historias de brujas, de gigantes malos, historias de la muerte, historias que tratan de experiencias adultas en el amor o el matrimonio.

Hay muchas fuentes donde el maestro puede encontrar historias. Jesucristo relató historias sobre la vida del campo (El Sembrador), sobre la vida hogareña (La Moneda Perdida, La Levadura, Las Diez Vírgenes); sobre los negocios (La Viña, Los Labradores, Los Jornaleros), sobre la vida política (La Moneda del César, El Rey que sale a pelear); sobre los sucesos del día (Pilato y los Sacrificios, La Torre de Siloé); sobre la naturaleza (los cuervos, los lirios, los pájaros, la construcción de una casa sobre la arena).

También las historias pueden surgir de las experiencias personales del mismo maestro, aunque no se debe usar siempre ilustracciones personales. Se puede encontrar historias en la vida de personajes bíblicos, misioneros o grandes hombres de la historia.

CÓMO SE NARRA UNA HISTORIA

La historia debe comenzar con una presentación breve del personaje principal y del problema en torno del cual gira el relato. El comienzo de un relato debe centrar la atención del grupo en la historia a través de una frase o dos. Ejemplo: "Había una vez un hombre llamado Abraham que tenía un hijo que amaba mucho, Isaac. Un día, Dios le pidió a Abraham que hiciera algo muy difícil. Les voy a relatar lo que pasó."

Luego de la introducción o comienzo de una historia sigue el desarrollo de la historia con toda la acción y suspenso del conflicto. Los alumnos están ya dispuestos a seguir al personaje principal paso a paso, hasta que encuentre solución al problema que tiene. La historia se desarrolla hasta un punto culminante que se llama clímax, el cual es la parte más importante del relato, y casi ya al final.

Luego del desarrollo de la historia viene la conclusión. Completa la acción y deja a los personajes en una situación y concluida.

La aplicación es una parte importante del relato. La historia en sí, a través de los ejemplos y los sucesos, provee de lecciones que se adaptan a la vida del alumno.

El maestro debe prepararse adecuadamente para relatar una historia, pues un buen relato mueve las emociones, y éstas mueven la voluntad. El maestro debe ensayar la historia, leyéndola en voz alta, practicando la entonación correcta para mayor efectividad. El maestro debe memorizar los hechos principales de la historia pero en su exposición del relato usará palabras propias. La historia debe tener una secuencia lógica y abundante diálogo entre los personajes.

El maestro, o narrador, debe olvidarse de sí mismo al relatar una historia, concentrándose en la historia e identificándose con ella. Si el narrador se identifica con la historia, sus oyentes podrán captar y sentir los eventos presentados como si fueran experiencias personales. El oyente podrá sentir lo que siente el héroe: amor, odio, frustración, tristeza, victoria, gozo, etc.

Nos dice el autor Earl Pullias:

> "... podemos en cierto sentido pasar las experiencias de la vida antes de tener que vivirlas. Podemos también experimentar la vida que nunca hemos vivido, pero la experiencia delegada hace más profunda nuestra humildad y más intensa nuestra compasión hacia nuestros congéneres."[18]

La historia no tiene que ser larga. Dijo Lucile Gardner que: "Historias que duran 5 o 10 minutos son generalmente más efectivas que las que tardan más."[19]

Realmente, la historia es un auxiliar para explicar alguna verdad pero no se agota en ella la lección. Por ello la historia puede ocupar un lugar en la introducción para captar la atención; o puede también presentarse durante el desarrollo de una lección para aclarar un concepto o profundizarla. Puede usarla como parte de la aplicación para relacionar la lección con la vida de los alumnos o puede ser parte de la conclusión, para ejemplificar la aplicación y dar a la lección un punto culminante.

---

18. PULLIAS, Earl *EL MAESTRO IDEAL* p. 174
19. GARDNER, Lucile *EL ARTE DE RELATAR HISTORIAS* p. 8

Una historia bien relatada interesa a los alumnos, y les enseña lo que difícilmente se podría lograr de otra manera. El buen maestro sabrá usar con efectividad la historia en su enseñanza.

Dios
es
amor

3

ENSEÑANDO A TRAVÉS DEL VER

El uso de materiales visuales en la enseñanza es una ayuda esencial en la didáctica. No pensemos únicamente en materiales visuales costosos como películas de sonido, mapas en colores, o material para el franelógrafo. Hay muchos medios visuales económicos a la disposición del maestro que le ayudarán en la enseñanza y no serán difíciles de hacer, conseguir y usar.

¿Qué son los materiales visuales? Rena Button, los define así:

> "... todo lo que ayuda al aprendizaje por medio de la vista. Cualquier objeto, modelo, o invento que se pueda usar para influir o estimular el proceso de aprendizaje, con el propósito de introducir ideas, formular conceptos, enriquecer la personalidad, es una ayuda visual."[1]

Generalmente los visuales nunca se usan aislada-

---

1. BUTTON, Rena *LOS MATERIALES VISUALES EN LA EDUCACIÓN CRISTIANA* p. 11

mente sino como parte de una conferencia, de una clase o de una historia. Como aplicación de este principio, Findley Edge nos dice:

> "Las ayudas visuales se incluyen algunas veces dentro de la lista de métodos; sin embargo, el uso de materiales visuales no constituye un método en sí, sino más bien una ayuda"[2]

Muchas veces el maestro presenta una lección bíblica usando un solo método. Sin embargo, una lección para ser efectiva, necesita ser presentada de diversa manera, incluyendo varios métodos y varias ayudas visuales. El maestro que combina los métodos y los visuales influirá más en las vidas de sus alumnos.

Tomemos como ejemplo un maestro que desea enseñar sobre el amor. Como primera parte de la clase podrá:

1. Narrar una historia cuyo tema sea el amor demostrado en la vida de un personaje bíblico. Esta historia podrá ser ilustrada con láminas o franelógrafo. Luego el maestro podrá abrir una discusión sobre la historia y su aplicación para el presente.
2. El maestro podrá dar una conferencia o estudio sobre el amor, presentando principios y escrituras que enseñan sobre el amor. Podrá usar el pizarrón para anotar los textos principales y cada alumno leerá en su Biblia las porciones bíblicas relacionadas. Luego el maestro destinará un tiempo para preguntas y respuestas sobre el tema que acaba de desarrollar, para que los alumnos reflexionen y apliquen las verdades compartidas.

---

2. EDGE, Findley *METODOLOGÍA PEDAGÓGICA* p. 65

3. Al final el maestro podrá ayudar a los alumnos a planificar actividades específicas que llevarán a cabo durante la semana, para poner en obra alguna demostración de amor al prójimo, sea una visita a un enfermo, ayudar a un anciano, etc.

Sobre esto habla Rena Button:

> "La psicologia moderna afirma que el 80% de la enseñanza ofrecida a los alumnos se pierde antes que el alumno tenga oportunidad de usarla. Las pruebas científicas comprueban que dentro de ciertos límites con el uso de materiales visuales, los alumnos aprenden un 35% más y recuerdan más tiempo hasta en un 55%. Si en todas las fases de la educación secular se hacen esfuerzos para que los alumnos aprendan mejor, cuanto más debe hacerse en la educación cristiana... El material visual afecta profundamente las emociones y éstas a su vez influyen en las actitudes y en las relaciones. Dichos materiales son inteligibles para personas de diferentes idiomas y hasta para analfabetos."[3]

En los países donde el problema del analfabetismo es serio, lo dicho por Rena Button tiene mucho significado. Las ayudas visuales sirven también para los que no leen ni escriben; además, no tienen límites en cuanto a la edad de los alumnos, ya que niños, jóvenes y adultos pueden aprovechar de una lección visualizada.

Ernesto Trenchard dice que: "Una lección que entre tanto por los ojos, como los oídos, hace mayor impresión en la inteligencia y la memoria del alumno."[4] Nos dice Luisa de Walker que: "El ojo es más eficiente que

---

3. BUTTON, Rena *LOS MATERIALES VISUALES EN LA ED. CRIST.* p. 11
4. LEAVITT, Guy P. *TEACH WITH SUCCESS* p. 79

el oído, pero necesita la ayuda de éste para interpretar lo que ve."[5]

Vemos entonces la importancia de combinar adecuadamente los métodos con las ayudas visuales para un mayor impacto, y aprendizaje. El maestro estará consciente que el material visual no es un invento para ahorrarle trabajo, o hacer más fácil la enseñanza. Al contrario, los materiales visuales correctamente usados requieren mayor preparación de parte del maestro... LeRoy Ford lo explica así:

> "Ninguna ayuda de aprendizaje es eficaz o ineficaz de por sí. Llega a serlo en la medida que la destreza del maestro y la calidad del material logran o no los propósitos que se persiguen."[6]

Dios nos ha dado cinco sentidos y debemos utilizarlos todos para que el aprendizaje sea mayor y más duradero. Las ayudas visuales son útiles para captar y mantener la atención de la clase, aclarar ideas, retener lo aprendido, y relacionar la lección con la vida personal de los alumnos.

Al seleccionar los visuales a usar debe considerarse si ayudarán a lograr el propósito de la lección, y si son de fácil comprensión (sin simbolismos que confundan), si son adecuados para la edad de la clase, si son artísticos y atractivos para los alumnos, si son de tamaño adecuado para ser vistos por toda la clase.

Roland Buck explica que hay un peligro en el uso de las ayudas visuales pues a veces los niños relacionan tanto a Cristo con su figura en el franelógrafo o en las láminas, que no distinguen claramente que Cristo es

---

5. WALKER, Luisa J. de *MÉTODOS DE ENSEÑANZA* p. 11
6. FORD, LeRoy *SUGERENCIAS PARA AYUDAS VISUALES* p. 13

un Cristo vivo. Las ayudas visuales deben contribuir en la enseñanza bíblica pero evitando presentar una imagen falsa que impida al niño relacionarse con Jesucristo como persona.[6]

Los materiales visuales se dividen en dos grupos principales así:

a) visuales proyectables y b) visuales no proyectables debido a su economía y fácil uso. Veamos ahora algunos de los medios visuales no proyectables y su uso en la educación cristiana.

EL PIZARRÓN (negro o de fórmica)

Nos dice LeRoy Ford que "la pizarra es el caballito de batallas entre todos los auxiliares e instrumentos en la enseñanza."[7] El pizarrón ha sido usado por muchos años y con mucho éxito en escuelas seculares y escuelas dominicales. A veces cuando no hay otro visual disponible, hay por lo menos una pizarra, una plancha de madera pintada de negro.

¿Por qué ha sido usado tanto el pizarrón? En primer lugar, es económico. Se borra y se vuelve a usar vez tras vez. Está siempre al alcance del maestro ya que se cuelga en la pared, allí queda listo para usarlo en cualquier momento siempre y cuando los yesos estén también a mano. Es fácil de usar ya que el maestro puede escribir y, si desea, hacer diagramas o dibujos sencillos.

La pizarra enfoca la atención de la clase ya que la curiosidad atrae los ojos de los alumnos a lo que escribe el maestro. También el pizarrón es una ayuda real y

---

6. BUCK, Roland *ANGELS ON ASSIGNMENT* p. 41
7. FORD, LeRoy *SUGERENCIAS PARA AYUDAS VISUALES* p. 46

eficiente en la enseñanza porque lo que el alumno ve en dibujo o escrito, le queda en su memoria.

Se puede aprovechar de un pizarrón para presentar el bosquejo de la lección bíblica el cual será fácil de copiar en un cuaderno y servirá como sinopsis para ayudar a la memoria. Hay muchas maneras de aprovechar el pizarrón. Se puede anotar las preguntas o ideas de los alumnos; puede dividirse la pizarra en dos partes y poner listas negativas y positivas sobre un tema que se esté discutiendo. Puede escribirse palabras nuevas con su significado, nombres difíciles de recordar, estadísticas y números, los cuales al verlos no se olvidarán fácilmente. Puede hacerse dibujos o esquemas que ayudarán a comprender la lección. También dibujar gráficos o mapas sencillos y muchas cosas más.

CUADROS O LÁMINAS (o libro visualizado)

Las láminas o estampas se usan mucho con los niños. Hay una variedad de láminas que ilustran verdades bíblicas disponibles para el maestro en las librerías cristianas. La mayoría de éstas vienen en tamaño para usarse con clases pequeñas hasta de 20 alumnos.

A veces son series en forma de libro, cubriendo un tema bíblico o una historia visualizada. Estas láminas pueden usarse individualmente o en serie. Ejemplo: en la serie de lecciones "La Biblia Visualizada", cada libro trae 4 lecciones y cada lección tiene 4 láminas.

Además del material visual publicado especialmente para la educación cristiana, el maestro debe coleccionar y archivar cuadros de toda clase. Quizás pueden pegarse en cartulinas, sugiere Dorotea McCullough. Estas láminas se recortan de revistas y libros viejos.

Afirma Dorotea McCullough que las cosas desconocidas llegan a comprenderse más rápidamente mediante cuadros que por medio de palabras. También se usan para ilustrar cantos, versículos o enseñanzas bíblicas.[8] El maestro archivará sus cuadros conforme temas generales como: la vida infantil, la vida del hogar, láminas de historias bíblicas (Antiguo Testamento, Nuevo Testamento), coros ilustrados, versículos ilustrados, etc.

El valor de los cuadros es similar al pizarrón, pero su uso es más variado. Atraen la atención porque generalmente están en colores y ayudan a visualizar la enseñanza que se está dando. Las láminas ayudan a grabar los datos de la historia o lección en la mente de los alumnos.

Aparte de las láminas bíblicas, a los alumnos les gustan las láminas que muestran a personas de su edad en diversas actividades de juego, trabajo, o relación con otros. Los alumnos de esta manera logran aplicar las verdades a sus propias vidas viendo cómo actúan las personas en las láminas.

El uso de las láminas es más variado que el pizarrón. Una lámina incluye muchos detalles que sirven para estimular la discusión y conversación con los alumnos. Se puede colgar la lámina en la pared para que los alumnos la observen durante más tiempo, o varias clases seguidas. Las láminas pequeñas se pueden recortar y pegar en cuadernos. Pueden también ser cortadas como rompecabezas y los niños pueden armarlas.

Los alumnos pueden estudiar una lámina y luego tratar de representarla mediante un pequeño drama. Las láminas usadas en lecciones anteriores pueden servir para ayudar en el repaso de la lección.

Hay otra ventaja de las láminas: se pueden llevar y traer fácilmente y se usan en diferentes ocasiones y

---

8. MCCULLOUGH, Dorotea *GUÍA PARA EL DEPARTAMENTO DE PRINCIPIANTES*

clases distintas, prestando el material a otros maestros, o formar parte de una biblioteca de materiales didácticos de educación cristiana.

OBJETOS

El uso de objetos en la enseñanza es a veces más efectivo que el uso de láminas, porque "un objeto es real, en tanto que la pintura (lámina) es una semejanza de él. Por ejemplo, una flor tiene mayor valor educativo que la pintura de esa flor."[9]

Las lecciones objetivas tienen valor ya que muchos objetos sirven para tocar y examinar de cerca. Los niños pequeños aprenden más por el tocar que por el oír o ver. Sus aulas deben estar llenas de objetos que sirvan para enseñarles las cosas del Señor.

Hay diferentes clases de lecciones objetivas. El objeto sirve para que los alumnos lo vean mientras se enseña la lección. Hay objetos que tienen significado alegórico o simbólico que sirve para clases de personas de más edad. Hay también experimentos con objetos que añaden interés a una clases.

CARTELES Y DIAGRAMAS

Una hoja de cartulina puede usarse de muchas maneras para enseñar. Consiste en palabras y figuras dibujadas o pegadas en la cartulina que sirven para enseñar, repasar, comparar, etc. El maestro hábil puede variar el diseño de los carteles para hacer de ellos ayudas eficaces en la enseñanza. Los carteles pueden usarse enteros, cortados a la mitad o sostenidos en

---

9. SHIELDS, Elizabeth *CONOZCAMOS AL PRE-ESCOLAR* p. 20

ranuras. Este método de usar carteles y diagramas es para alumnos mayores de 10 años. Los carteles los puede hacer el maestro, o puede conseguirlos ya impresos.

FRANELÓGRAFO

Otro medio visual para la enseñanza es el franelógrafo. Se usa desde hace mucho tiempo y sigue siendo muy popular. Su nombre se originó del material que se usa en su elaboración, la franela, que tiene la característica de que los pedazos de ella se adhieren entre sí cuando se hace presión sobre ésto. Consiste en una plancha de madera o cartón grueso, cubierta de franela, sobre la cual se colocan las figuras.

El franelógrafo, como la mayoría de los medios visuales, se ha usado con éxito en las escuelas públicas y en las escuelas dominicales. Tiene ventajas combinadas de varios métodos. el franelógrafo sirve para enseñar una historia bíblica, primero colocando (si se desea) un fondo en franela de montañas, pueblo o campo y encima las figuras y personajes del relato.

El relatar la historia el maestro coloca las figuras de la lección en su orden debido. Según avanza la historia va incorporando o agregando figuras, a la vez que va quitando otras.

El franelógrafo también sirve para enseñar textos de memoria. Se colocan tiras de cartulina en el franelógrafo, cada tira con una o más palabras del texto. Las tiras de cartulina deben tener un pedazo de franela atrás para que peguen en el franelógrafo. Se puede preparar un diagrama para presentación en el franelógrafo, usando tiras de lana para hacer líneas y dibujos sencillos.

Varias casas publicadoras han impreso lecciones visualizadas para usarse con franelógrafo. Basta recortar las figuras, porque ya tienen la franela en la parte de atrás. Es verdad que este material visualizado puede resultar más caro que los carteles o las láminas, pero su efectividad es tal que el buen maestro tratará de usar este medio de enseñanza.

El material para el franelógrafo puede usarse vez tras vez, en diferentes clases y en diferentes situaciones. Es una inversión que vale la pena porque a los niños y adultos les encanta este medio visual que tiende a ser dramático y muy realista, y la lección queda bien grabada en sus mentes. Las iglesias pueden comprar el material y prestarlo a los maestros para aprovechar al máximo la inversión. El maestro podrá también preparar su propio material, recortando láminas y figuras de revistas y pegándoles franela atrás.

MAPAS

El uso de los mapas bíblicos es otro auxiliar visual para el maestro que desea impactar a sus alumnos con la Palabra de Dios. La Biblia cubre un área geográfica amplia y variada y el trasfonfo geográfico puede confundir al lumno, si el maestro no usa mapas.

> "Un mapa es una representación geográfica (generalmente sobre una superficie plana) de la superficie de la tierra o parte de ella mostrando el tamaño y posición relativa y de acuerdo con alguna escala o proyección."[10]

La geografía y la historia están relacionadas íntimamente y se pierde gran parte de la enseñanza si no se muestra la ubicación de los lugares donde sucedió una historia. El estudio de los mapas en la enseñanza

---

10. FORD, LeRoy *SUGERENCIAS PARA AYUDAS VISUALES* p. 37

siempre resulta interesante tanto para maestros como para los alumnos.

Hay diferentes tipos de mapas que varían en su costo, uso, tamaño y forma. Los principales son:

1. mapas bíblicos de pared
2. mapas de relieve
3. mapas de mesa o de piso
4. mapas pictóricos (o ilustrados)
5. mapas de franela
6. mapas de la Biblia
7. mapas en el pizarrón
8. mapas en cuadernos
9. mapas modernos
10. el globo terráqueo

Los mapas sirven para varios usos:

1. Muestran la urbicación de una ciudad o de un país.
2. Muestran la topografía de los lugares (montañas, ríos, lagos, desiertos, valles, etc.)
3. Permiten señalar la ruta de un viaje, como el de Pablo.
4. Son auxiliares para determinar las distancias y fronteras entre países.
5. Hacen posible establecer una relación entre la geografía bíblica y la geografía moderna.

LA CAJA DE ARENA

La caja de arena es un medio didáctico que sirve especialmente para los pequeños. Consiste en una caja de madera o cartón, de orillas no muy altas y con suficiente arena para sostener figuras paradas dentro de ella. Es una variante de la lección objetiva ya que los alumnos pueden tocar las figuras que se usan. En esta caja de arena (que puede variar de tamaño según el uso que se desea) se puede reconstruir una escena de una historia bíblica usando arbolitos de papel, o bien, ramas de plantas, colocando ovejas de cartón, o de algodón y alambre y recortar figuras de personajes que aparecen en la historia bíblica. Se puede hacer la historia dramática, haciendo que el personaje "camine" por una senda, que se acueste bajo un árbol, que le ataque un león o un oso como en la historia de David y sus ovejas. Hay muchas variantes de este medio visual el cual es muy efectivo según la capacidad y la imaginación del maestro.

Métodos Visuales Proyectables

FILMINAS Y TRANSPARENCIAS

Las filminas se llaman también cintas de vistas fijas y las transparencias se llaman diapositivas o vistas fijas. Son similares en su uso ya que el proyector para ellas es pequeño y bastante económico; algunos de estos proyectores sirven para filminas y transparencias. El proyector es liviano, fácil de usar en un salón de clase. Hay material disponible para la educación cristiana, historias bíblicas, historias misioneras, y otros temas. Una gran ventaja de las filminas y transparencias es que se puede dejar la imagen bastante tiempo en la pantalla y dar lugar para preguntas y explicaciones. En realidad no se requiere una pantalla formal; una pared lisa y pintada de blanco sirve perfectamente. Es importante oscurecer el salón donde se proyectará la filmina para poder apreciarla bien.

PELÍCULAS CINEMATOGRÁFICAS

Probablemente ninguna otra ayuda visual es tan efectiva como la película de cine para atraer la atención y asegurar el interés de los alumnos.

> "Todos los expertos en materiales visuales están de acuerdo en cuanto a la eficacia que tienen las películas de movimiento para la enseñanza. No hay cosa, excepto la experiencia misma, que constituya mayor realidad que el cine. La película de movimiento hace vivir a los personajes en la pantalla e influye en la vida y en las actividades de las multitudes."[11]

Las películas cristianas o religiosas son de varios tipos: los sermones ilustrados, las películas misioneras, las historias bíblicas y las películas con temas cristianos de actualidad. A pesar de las grandes ventajas de usar películas ¿por qué no se usan más en la educación cristiana? En primer lugar el costo del alquiler o compra de las películas es exageradamente alto. El costo del poyector de películas de cine también es elevado y además complicado de manejar. Requiere el uso de un salón amplio, con una pantalla grande y oscuridad.

Hay otra razón por la cual se limita el uso de películas: El maestro queda en segundo plano. No hay facilidad para preguntas y explicaciones que es lo aconsejable en todo proceso enseñanza-aprendizaje. Otro problema es que los alumnos piensan que una película es una diversión y por ello a veces no aprenden tanto.

Para evaluar una película hay que tomar en cuenta la calidad fotográfica, el enfoque del tema, la traducción

---

11. BUTTON, Rena *LOS MATERIALES VISUALES EN LA ED.CRIST.* p. 48

(si no fue filmada en español) y la edad de quienes la verán. Sabiéndola usar, la película puede ser de gran beneficio.

RETROPROYECTOR

Es un medio visual muy usado en los centros de estudio y en iglesias que emplean medios nuevos y efectivos. El aparato tiene uso muy variado y sirve para las clases de instrucción, para dar anuncios, o la fecha de los cantos. Para utilizar el retroproyector se necesita una cantidad de hojas transparentes de tipo plástico duro, y marcadores especiales. Se puede escribir sobre hojas mientras uno habla, como si fuese una pizarra, o se puede preparar las hojas de plástico pueden guardarse para otra ocasión o se pueden borrar usando alcohol y volverse a usar.

PELÍCULAS DE VIDEO

El video es parecido a la película cinematográfica en muchos aspectos, pero la imagen y sonido están grabados en una cinta magnética parecida a la de las grabadoras; se puede borrar y volver a usar. Es más económico en ese sentido. Su proyección no es sobre una pantalla, sino sobre un aparato de televisión adaptado para el uso de video. Entonces su uso se limita a clases pequeñas de enseñanza, dependiendo del tamaño de la pantalla del televisor.

Ultimamente ha aumentado el uso de este medio y hay algunos programas grabados de reuniones y clases. Uno de sus usos principales en la didáctica es el de grabar clases para luego enviarlas a otros lugares para beneficiar a los alumnos que de otro modo no podrían recibir las enseñanzas de un determinado profesor.

4

ENSEÑANDO A TRAVÉS DEL HABLAR

El tercero de los cinco sentidos es el "gusto", el cual se usa a veces dentro de la enseñanza de los más pequeños si una lección se relaciona con pan, agua, etc. Al respecto Luisa de Walker nos dice:

> "Pero aunque el gusto no se usa mucho en la enseñanza de verdades espirituales, la boca del alumno sí se debe emplear para el aprendizaje... El alumno recuerda el 90% de lo que habla."[1]

El alumno emplea la boca cuando hay preguntas y respuestas, discusiones, memorización, simposio, papel y debate. Este método de permitir que el alumno hable se llama también "expresión" ya que el alumno aprende participando, pensando, hablando o haciendo.

¿Por qué tiene importancia que el alumno hable? El alumno recuerda la lección mejor cuando lo dice,

---

1. WALKER, Luisa Jeter de *MÉTODOS DE ENSEÑANZA* p. 12

cuando lo expresa. También siente más interesante la lección y presta mayor atención. Si no comprende alguna parte, hace una pregunta y el maestro puede aclarar cualquier duda. Cuando el alumno comenta sobre algo, el maestro podrá descubrir las áreas de necesidad y las áreas de confusión en el alumno. Cuando los alumnos participan, el ambiente de la clase es más amistoso y los alumnos se llegan a conocer mejor. Cuando los alumnos sugieren las maneras en que pueden aplicar la lección a sus vidas es más probable que la pongan en práctica. Estudiaremos ahora varios métodos que enfatizan el uso del hablar de los alumnos.

PREGUNTAS Y RESPUESTAS

El método de preguntas es el método socrático, ya que "Sócrates enseñaba preguntando. Su teoría era que el alumno en realidad sabe ya todo... y basta mediante preguntas, suscitar en su mente la aparición de esos conocimientos infusos y ayudarle a darles expresión verbal."[2] Aunque Sócrates tenía quizás una idea algo exagerada de la capacidad y conocimiento del alumno, sin embargo, él descubrió una gran verdad: "es preferible en vez de darle al alumno un conocimiento... ayudarlo mediante preguntas acertadas a encontrar dicho conocimiento por su propias palabras."[3] Será sabio el maestro que aproveche al máximo lo que ya conocen los alumnos antes de repetir a ellos conceptos que les resultán aburridos.

Jesucristo usó este método de las preguntas con gran acierto. El usó preguntas:

---

2. BÁEZ-CAMARGO, G. *PRINCIPIOS Y MÉTODOS DE LA ED. CRIST.* p. 192
3. ibid. p. 193

- para introducir una lección: *Mateo 16:13*
- para que sus discípulos le revelaran sus pensamientos *Mateo 16:15-16, Juan 9:35* y *Juan 21:15*
- para estimular el pensamiento: *Mateo 11:7-9*
- para conseguir que sus oyentes declarasen una verdad que conduciría a una enseñanza adicional: *Mateo 22:20, 21*
- para sondear los móviles: *Mateo 9:4*
- para contestar a una pregunta: *Mateo 12:10-12; Mateo 21:24, 25*

No es fácil usar el método de las preguntas en la enseñanza porque las mismas, para ser efectivas, tienen ciertos requisitos. Las preguntas deben ser simples, requiriendo sólo una respuesta. Las preguntas deben ser adecuadas a la edad mental y a la experiencia religiosa del grupo. La pregunta debe ser clara y concisa y no debe llevar en sí misma la respuesta.

Hay diferentes ocasiones en las que el maestro quisiera usar preguntas. Usará preguntas para estimular la reflexión como para probar el conocimiento. Lo podrá hacer mediante preguntas verbales, cuestionarios escritos, un examen, una hoja de opiniones, etc.

Hay otra área donde se usan efectivamente las preguntas. Son las preguntas que hace el alumno. Dijo Findley Edge: "Es mucho más importante que el maestro conteste las preguntas de los alumnos en vez de que ellos contesten las del maestro."[4] Cuando el alumno participa con preguntas, muestra que está interesado en la lección y tiene deseos de aprender. Los alumnos no participan cuando el maestro no permite o no estimula las preguntas de la clase. A veces los alumnos se acostumbran a no interrumpir con pregun-

---

4. BÁEZ-CAMARGO, Gonzalo: *PRINCIPIOS Y MÉTODO DE LA EDUCACIÓN CRISTIANA* p. 74

tas pensando que es una molestia. El maestro sabio permitirá que hagan preguntas, pero también controlará que las preguntas sean buenas y evitará que la lección se desvíe del tema central.

A veces surgen preguntas que no calzan con el tema. ¿Qué hacer ante esto? El maestro puede hacer una rápida evaluación y analizarla así: ¿Es importante la pregunta para quien la hace? ¿Merece la pregunta una seria consideración? ¿Tiene la pregunta importancia para los demás alumnos de la clase?

Si la respuesta a estas tres preguntas es no, el maestro debe contestar brevemente y volver directamente a la lección. Pero si la respuesta a cualquiera de las preguntas anteriores es sí, el maestro ha de determinar cuánto tiempo debe tomar para contestar las preguntas.

El método de las preguntas bien aplicado permitirá al maestro lograr lo que no lograría a través de otros métodos. Por ello, debe usarse continuamente en la enseñanza.

LA DISCUSIÓN

La discusión a nivel de los niños se llama simplemente "conversación" cuando el niño dice lo que piensa. Le produce mucha satisfacción el compartir sus ideas y sus experiencias con el grupo.

Sin embargo, la discusión abarca mucho más que la conversación cuando se usa con los jóvenes y adultos. Por cierto, es un método excelente para usar con estos grupos. La discusión puede llamarse mesa redonda o diálogo. Dice Báez-Camargo que la discusión "es el procedimiento mediante el cual el grupo examina una cuestión o problema desde todos los ángulos posibles, pesando las varias y aun opuestas opiniones...

hasta arribar a una conclusión o solución aceptada por el consenso general de los que participan en ella."[5]

Muchas veces las cuestiones o problemas surgen del grupo mismo, trayendo así más interés todavía a la clase. El método de la discusión permite que todos los miembros de la clase participen fomentando un mayor aprendizaje.

Este método no es fácil de emplearse ya que requiere un maestro que tenga autoridad sobre el grupo para evitar argumentos no provechosos al grupo. A continuación hay algunas sugerencias para lograr una discusión beneficiosa.

El lugar debe ser preparado previamente, con los asientos en forma de círculo, o alrededor de una mesa, para que cada uno vea a los demás de la clase. El líder debe venir preparado, habiendo leído y estudiado sobre el tema para poder dominar la dirección de la discusión. Debe mantener un tono amable, y evitar que alguien se enoje, o que tomen posiciones contrarias que provoquen una polémica. Buscará la participación de la mayoría de los alumnos y no dejará que unos pocos dominen la discusión. El tema elegido para discusión debe ser escogido con cuidado ya que no todos los temas se prestan para ser discutidos. Algunos temas se recomienda presentarlos en forma de conferencia.

La función del líder es de suma importancia. Sus responsabilidades son las siguientes:

1. Presentar el tema
2. Hacer preguntas para guiar de un punto a otro
3. Mantener la discusión enfocada en el tema central
4. Resumir
5. Guiar al grupo a una conclusión.

---

5. BÁEZ-CAMARGO, Gonzalo *PRINCIPIOS Y MÉTODO DE LA EDUCACIÓN CRISTIANA* p. 226

Una variación de la discusión es el debate, cuando dos equipos participan -la afirmativa y la negativa. Cada debatiente habla brevemente. Luego que todos hayan hablado, un miembro de cada equipo toma algunos minutos para refutar y desaprobar las afirmaciones del otro equipo y afirmar las del propio.

El debate es diferente de la discusión porque en vez de expresar puntos de vista individuales, defiende una posición formal que se ha tomado. Un debate procura ganar un argumento, pero la discusión es una investigación conjunta de la verdad. Un debate presenta sólo dos alternativas, pero una discusión se presenta varias opciones. Un debate puede tornarse personal, pero la discusión no. En un debate la participación del grupo es limitada a pocos, pero en una discusión hay participación ilimitada de parte de los alumnos. Un debate es formal y una discusión es informal.

Otra variedad de la discusión es el panel y el simposio. Estos se dan cuando dos o más personas, cada uno informado de un tema lo exponen delante del grupo. Cada orador puede tomar un aspecto diferente del tema bajo consideración. Este método limita el número de los participantes, pero hay más información presentada de manera más completa. Especialmente en la clase de adultos habrá profesionales en diferentes campos y se podrá aprovechar la experiencia de ellos para simposios o paneles.

MEMORIZACIÓN

En tiempos pasados, se abusó demasiado de la memorización en la educación, creyendo que aprender era sinónimo de memorizar y como consecuencia se colmó la mente con material memorizado. Actualmente no se usa mucho este método de enseñanza, sin embargo, es parte muy importante de la educación cristiana.

¿Por qué se debe memorizar? Hay ciertos conocimientos que sirven de ayuda para el crecimiento espiritual, tales como el memorizar los libros de la Biblia en su orden debido. El cristiano que no sabe los nombres de los libros de las Sagradas Escrituras es deficiente en el uso de la Biblia y perjudica así su crecimiento espiritual.

El memorizar versículos o porciones bíblicas es de mucho valor en la educación cristiana. ¿A qué se debe esto? El alumno debe saber que la Biblia dice... y no el maestro dice... Las porciones que un alumno aprende en su niñez quedarán en su mente y corazón a través de su vida y la influirán positivamente. "La memorización nos ayuda a expresar, con la precisión y fuerza insuperables del texto bíblico mismo, las verdades cristianas que tratamos de exponer y comunicar."[6]

La memorización de himnos pone a nuestra disposición maneras hermosas de expresar nuestra propia experiencia religiosa. La memorización impregna nuestra mente de elevados pensamientos espirituales que son valiosos para las grandes crisis de la vida.

Muchos piensan que los niños pueden memorizar mejor que las personas mayores. Sin embargo, es un hecho comprobado que la disposición para memorizar en los niños es mayor que en los adolescentes y adultos, pero no la capacidad.[7] Se acostumbra que los niños memoricen mucho, pero los adultos también necesitan participar en esta actividad tan importante en la educación cristiana.

En la educación cristiana no se debe memorizar por el mero hecho de memorizar. Hay que explicar y aplicar

---

6. BÁEZ-CAMARGO G. *PRINCIPIOS Y MÉT. DE LA ED. CRIST.* p. 198
7. SÁNCHEZ HIDALGO, Efraín *PSICOLOGÍA EDUCATIVA* p. 256

las verdades de los textos memorizados. Recordemos que el Salmo 119:11 no dice "En mi *mente* he guardado tus dichos" sino "En mi *corazón* he guardado tus dichos para no pecar contra tí". El maestro sabio tomará el tiempo necesario para que el texto llegue de la mente al corazón.

Hay varios principios para que el método de la memorización sea efectivo en la enseñanza. Entre estos tenemos:

1. Hacer interesante y comprensible el material
2. Dar oportunidad para la repetición frecuente
3. Esperar y animar la buena memorización
4. Repasar material recién memorizado al final de la clase.
5. Proveer tiempo de descanso mental luego del período de memorización.
6. Animar la actividad mental en la memorización con tiempos de repaso.[8]

CANTO Y ADORACIÓN

"La música... está tan directamente relacionada, por su naturaleza, con el diálogo educativo, que es casi inconceptible que la enseñanza-aprendizaje del cristianismo pueda desarrollarse sin su constante acompañamiento."[9]

Quizás no se considera al canto y la adoración como un método de enseñanza, pero sí ocupan un lugar muy especial en la enseñanza espiritual del ser humano. Debemos considerarlos seriamente por su influencia en

---

8. *GOOD NEWS CLUB MANUAL* p. 28
9. ROOD, Wayne R. *EL ARTE DE ENSEÑAR EL CRISTIANISMO* p. 221

la educación cristiana y la parte que ocupan en la enseñanza.

> "Los cantos son el medio de expresión de las emociones. Por esa razón los incluimos en el curso del departamento de cuna y del de párvulos, considerándolos como parte vital de la educación religiosa del niño."[10]

Si es parte del programa de educación cristiana para los más pequeños, deberá formar parte del programa de educación cristiana de los demás grupos ya que las emociones no desaparecen con la edad y todos debemos expresar nuestros sentimientos a Dios a través del canto.

No es necesario que uno sepa "cantar bien" para poder gozar del canto y alabar a Dios. Los maestros de música experimentados dicen que no hay nadie que no pueda cantar, y que con el ejercicio y el uso se aprende a cantar mejor.

Hay una variedad de estilos musicales que se oyen en las iglesias, estilos antiguos, clásicos y modernos. Con el uso de ritmos modernos a veces se confunde el estilo de algunos coros cristianos con ritmos que se cantan en la calle, y la única diferencia es la letra, si es que el volumen de los instrumentos permite oír el mensaje de la canción. Este es un problema para la iglesia ya que la juventud prefiere ese estilo, pero a veces es música que no eleva el corazón hacia la adoración, sólo expresa alegría superficial y no ministra a las necesidades del corazón hacia Dios.

---

10. SHIELDS, Elizabeth McEwen *CONOZCAMOS AL PRE-ESCOLAR* p. 102

"El canto tiene muchos valores: sugiere conducta deseable, crea un ambiente adecuado para la adoración, enseña verdades, llena necesidades, une al grupo y lleva el mensaje al hogar."[11]

Hay cantos que sirven para diferentes usos en la educación cristiana. Algunos sirven para abrir o cerrar una clase. Otros enseñan textos bíblicos; algunos son coros de oración y adoración. Hay también cantos que inspiran al servicio cristiano o misionero. Cada tipo de música tiene su función y logra contribuir a la enseñanza cristiana de diferentes maneras. El maestro debe enseñar a los alumnos a expresar su adoración al Señor al cantar, para que no lo hagan solamente por el gusto de cantar.

No hay problema en que se use mímica o ademanes en los coros, pero el propósito principal deberá ser el cantar a Dios, y el maestro deberá esforzarse para lograr este propósito.

¿Cómo se seleccionan los cantos para lograr el propósito principal?

1. La letra debe apelar a los intereses y al entendimiento de los alumnos.
2. La letra debe tener valor religioso
3. La letra debe dar ideas correctas de Dios y de la conducta cristiana
4. La música debe ser buena, de diapasón apropiado para los alumnos y debe interpretar la letra adecuadamente.
5. La armonía debe ser buena, de diaposón y fácil de memorizar y recordar.[12]

---

11. MCCULLOUGH, Dorotea *GUÍA PARA EL DEPARTAMENTO DE PRINCIPIANTES* p. 23

12. SHIELDS, Elizabeth McEwen *CONOZCAMOS AL PRE-ESCOLAR* pp. 102-106

Para el tiempo de la adoración, se debe escoger cantos conocidos, porque no podemos adorar mientras aprendemos música nueva. Los cantos nuevos se podrán aprender en otro momento.

"En el proceso de enseñanza-aprendizaje, las experiencias de adoración pueden ser de tres clases: a) espontáneas; b) formales; y c) privadas. El maestro debe intentar alimentarlas todas."[13] El maestro que logra llevar a sus alumnos a la adoración sincera verá en ellos un impacto espiritual difícilmente logrado con otros medios de enseñanza. Para que la adoración cumpla su función espiritual, debe haber varios factores presentes. El líder o maestro deberá planificar la adoración como planifica la lección y manualidades. Conocerá cuáles cantos saben los alumnos para usarlos durante la adoración. Debe haber dirección hacia un clímax, envolviendo la voluntad y las emociones de los alumnos. Todos deben participar activamente.

No es fácil guiar a una clase hacia la adoración a Dios. Hay muchos factores que impiden lograrlo, pero el maestro con la ayuda de Dios sabrá guiarlos para el beneficio espiritual de todos.

---

13. ROOD, Wayne R. *EL ARTE DE ENSEÑAR EL CRISTIANISMO* p. 161

5

ENSEÑANDO A TRAVÉS DEL HACER

El cuarto sentido que deseamos aprovechar en la enseñanza es el tacto, el tocar, el usar las manos para hacer cosas, dibujar, escribir, buscar textos en la Biblia, hacer manualidades. El "hacer" puede ampliarse para incluir proyectos, excursiones, dramatización y recreación, o sea, actividades dirigidas.

El "hacer" tiene suma importancia en la educación cristiana aunque por mucho tiempo se ha confundido la enseñanza con relatar, y el aprendizaje con escuchar. Pero el músico no aprende a tocar su instrumento escuchando. Tampoco aprende uno a conducir una bicicleta con sólo ver a otro hacerlo. En Proverbios se recomienda "instruir" al niño. Eso es más que sólo decirle.[1] El alumno necesita aprender oyendo, pero también haciendo. Muchos educadores creen que el alumno ideal es el que se sienta y permanece quieto y pasivo. Pero "la práctica escolar convencional de sentarse y permanecer quieto está en pugna con el impulso hacia la actividad, tan natural en el alumno saludable.

---

1. REED, Ed. *APRENDIZAJE BÍBLICO CREATIVO PARA LA JUVENTUD* p. 4

Este necesita usar su cuerpo en el esfuerzo por explorar el ambiente... A muchos padres también les desagrada la actividad de sus hijos y quieren mantenerlos pasivos a la fuerza. Debe recordarse que el niño física y mentalmente saludable es activo y curioso. No son pocos los individuos cuyo desarrollo social y emocional se ha visto entorpecido debido a la disciplina excesiva."[2]

El aprendizaje a través de lo que uno hace "es uno de los medios más importantes de la enseñanza. Lo que se hace se graba más en la mente que lo que se oye o se ve. Se recuerda el 80% de lo que se hace."[3]

Hay muchas maneras de incluir el método del "hacer" en la educación cristiana. En la clase se podrá cantar coros o memorizar textos usando ademanes. Los alumnos podrán hacer trabajos en el pizarrón, trabajar con mapas, y otras actividades sencillas. Veamos varios métodos de enseñar que enfatizan el hacer.

TRABAJOS MANUALES

Los trabajos manuales permiten desarrollar la creatividad del maestro y los alumnos. Por lo general, el niño es feliz al interesarse en algún trabajo manual para el que ha desarrollado el necesario grado de habilidad. Hacer cosas es fascinante, ya sea hacer dibujos, construir con bloques o pintar."[4]

El trabajo manual proporciona descanso al alumno porque lo considera como un juego. Algunos maestros se esfuerzan en que los trabajos estén bien acabados, y no que los trabajos sean un medio de aprendizaje.

---

2. SÁNCHEZ HIDALGO, Efraín *PSICOLOGÍA EDUCATIVA* p. 161
3. WALKER, Luisa Jeter *MÉTODOS DE ENSEÑANZA* p. 11
4. SHIELDS, Elizabeth M. *CONOZCAMOS AL PRE-ESCOLAR* p. 125

Cuando los maestros y ayudantes acaban haciendo los trabajos manuales para los alumnos, se pierde el efecto de la enseñanza.

Para que tenga valor el trabajo manual en la enseñanza deberá contribuir a un propósito definido en la educación cristiana. También debe ser seleccionado teniendo en cuenta las habilidades y los intereses de los alumnos. Debe contribuir a la comprensión de la lección bíblica enseñada y no debe ocupar todo el tiempo de la clase.

Una contribución positiva del trabajo manual en la enseñanza es que da ocasión a la sociabilidad. Cuando los niños hacen las cosas juntos, se desarrolla una camaradería que es muy valiosa en el desarrollo del carácter. Hay niños tímidos que pronto se olvidan de sí mismos y se unen a los demás en un grupo social interesado en alguna actividad manual.

Hay diversos tipos de trabajos manuales para ajustar a diferentes situaciones de enseñanza y diferentes facilidades que pueda tener el aula. El dibujo espontáneo sirve para niños de toda edad. Con un lápiz de color y un papel el alumno podrá usar su creatividad. El colorear un cuadro impreso sirve para niños de 5 años o más. A los alumnos les gusta recortar dibujos o figuras, y pegarlos en otro dibujo. Esto sirve para niños que pueden dominar la tijera y saben usar pegamento.

El formar cajitas, sobrecitos, o canastitos de cartulina es adecuado para niños primarios o primario superior. Los niños grandecitos pueden recortar figuras de revistas para preparar un cuadro o un diagrama. Pueden también dibujar o colorear mapas, como también realizar trabajos de carpintería sencilla, costura y arcilla o plasticina. Las manualidades son agradables para los pequeños como para los grandes.

Otros trabajos manuales incluyen: el dibujar uniendo líneas entre puntos enumerados, el hacer figuras que se paran sobre la mesa, o figuras para la mesa de arena y el pintar con témpera u óleo.

Cada una de estas manualidades requiere diferente material, diferentes gastos y diferentes facilidades. Si el aula tiene una mesa a nivel de los alumnos, servirá para muchos de esos trabajos. Lo importante es escoger con cuidado manualidades que ayudarán al alumno a recordar la lección.

MANUAL DEL ALUMNO – cuaderno de trabajo

En muchas escuelas dominicales se acostumbra usar los manuales de los alumnos. Son libritos que acompañan el manual del maestro, y proporcionan una variedad de actividades para escribir, investigar, y dibujar. Cada alumno tiene su propio manual, y semana por semana va completando los trabajos en casa o en la clase.

Lo ideal es que los alumnos hagan los trabajos en casa pero como muchas veces se olvidan, o pierden el cuaderno, por ello los maestros prefieren usar el manual en la clase como trabajo expresivo después del estudio de la lección bíblica. El manual ayuda a los alumnos a utilizar la nueva comprensión adquirida en el estudio bíblico para resolver los problemas de la vida cotidiana. El manual incluye lecturas de cosas relacionadas con la lección lo cual favorece aún más el aprendizaje.

El alumno también hace exploración bíblica, ya que en su manual hay preguntas que se contestan usando la Biblia. Esta exploración personal de la Biblia ayuda al alumno a estudiar por su cuenta las Escrituras. Bajo la supervisión del maestro en la clase, que les orienta los alumnos podrán aprovechar más que dejándoles estudiar solos.

Los manuales, vienen preparados para los niveles de niños, jóvenes y adultos, y los editores se han esforzado en adaptarlos a la cultura latinoamericana que varía según los países.

EL PROYECTO

El método del proyecto puede emplearse eficazmente en la educación cristiana. Un proyecto es esencialmente una actividad con propósito que el alumno desarrolla bajo la supervisión del maestro.

El proyecto puede ser tan sencillo como armar un tabernáculo en miniatura usando cartón y tela, como parte de la lección sobre el tabernáculo en el desierto.

Un proyecto puede ser elaborar un mapa en relieve, un álbum misionero, o un álbum de recortes con un tema definido. Estas actividades se llaman proyectos y pueden completarse con una clase o en varias clases; muchas veces requiere trabajo fuera de la clase también.

Un proyecto es una actividad en la cual se ocupa la clase, ya sea para profundizar o para expresar el aprendizaje que han hecho. Una lección llega a ser más real para el alumno cuando se ocupa en trabajos relacionados que amplían o profundizan la enseñanza.

Un proyecto, a nivel de adolescentes, jóvenes y adultos, llega a ser prácticamente una investigación en la cual cada alumno podrá reunir informes sobre un aspecto del tema definido, y presentarlo a la clase para su evaluación. Cuando se presenta un problema en la comunidad la clase podrá hacer una investigación de grupo, analizando el problema y presentando diferentes maneras en que la iglesia podrá ayudar.

EXCURSIONES

Las excursiones proporcionan a los alumnos algo diferente a los demás métodos de enseñanza. Le proporciona a la clase una experiencia directa de algo que no se puede trasladar al aula. Casi siempre esta excursión se hace a una hora que no sea la que regularmente se dedica para la sesión de la clase.

Para los niños una excursión es una actividad que utiliza la naturaleza para enseñarles acerca de Dios. Para los jóvenes o adolescentes una excursión puede incluir una visita a un sector pobre de la comunidad, a una cárcel, un orfanatorio o un hogar de ancianos. Una excursión bien planificada y supervisada puede proporcionar mucha enseñanza lo cual beneficiará a los alumnos.

Las excursiones apelan mucho a los alumnos, porque "las excursiones y visitas ofrecen satisfacción al deseo natural de actividad física, que, aunque predominante en los niños, está presente también en los jóvenes y adultos. El impulso de trasladarse a otros lugares, de cambiar de panoramas y medios (que algunos llaman "instinto migratorio") está muy arraigado en nuestra naturaleza.[5]

Para que una excursión sea provechosa al máximo, hay varios pasos a seguir:

1. Definir el propósito, lo cual llena una necesidad.
2. Hacer los arreglos necesarios, escogiendo el lugar y planificando el transporte y permisos necesarios para utilizar o visitar el lugar.
3. Preparar a la clase para la excursión, motivándo-

---

5. BÁEZ-CAMARGO, Gonzalo *PRINCIPIOS Y MÉTODO DE LA EDUCACIÓN CRISTIANA* p. 232

los, dando orientación y explicando lo que se desea lograr con la excursión.
4. Guiar a la clase durante la excursión, llamando la atención a determinadas cosas y contestando preguntas.
5. Discutir después de la excursión lo que se haya aprendido.
6. Guiar a la clase a tomar acción o a cambiar de actitudes.
7. Escribir una carta de agradecimiento a quienes prestaron el lugar.[6]

No será fácil programar muchas excursiones durante el transcurso del año, pero el maestro sabio planificará de tanto en tanto hacer una excursión, sabiendo que el grupo se beneficiará de una manera especial, lo que no lograría en clase.

EL DRAMA[7]

El drama, llamado también representación o dramatización, puede ser una actividad o una representación formal con ropa y alumbrado especial y con muchos ensayos.

Hay diferentes puntos de vista en relación con el drama. Dijo Floy Barnard: "Aunque los educadores están convencidos de que la dramatización es una ayuda valiosa en el desenvolvimiento del carácter y están usándola con más frecuencia, sin embargo, las iglesias han titubeado para utilizarla. La verdad es que muchas iglesias se han opuesto porque han creído que

---

6. EDGE, Findley B. *METODOLOGÍA PEDAGÓGICA* p. 136
7. Ver *COMUNICANDO VERDADES ETERNAS A TRAVÉS DEL TEATRO CRISTIANA, de esta misma colección.*

es algo mundano y por lo mismo no debe usarse en la iglesia"[8]

La realidad es que a veces las representaciones dramáticas pueden comunicar una verdad mejor que otros métodos pedagógicos. Además, los que participan aprenden mucho también porque la expresión dramática es un modo de aprender que empieza en la niñez. Los niños se divierten cuando juegan "a la escuela" o "a la iglesia" o "a la casita". Por medio de estos juegos de dramatización están aprendiendo lecciones que les serán de valor futuro en la vida.

"El propósito de la dramatización no es producir artistas ni proporcionar pasatiempos para divertir a los espectadores, sino dar al niño la oportunidad de expresarse, guiar su actividad creativa, proveer una salida a sus emociones y ayudarles en el desarrollo de actitudes nobles para crecer en el carácter cristiano."[9]

La dramatización como medio educativo es la reconstrucción de una historia o de una experiencia. Los alumnos podrán dramatizar una historia bíblica que acaban de estudiar, añadiendo sus ideas propias. De este modo la lección les quedará bien grabada en sus vidas mientras "hacen" la historia. En su forma más sencilla, la dramatización se podrá usar como parte de una clase, con algunos o todos los alumnos participando. En su forma más compleja se podrá preparar dramas para presentar en ocasiones especiales tales como actividades sociales de jóvenes, campamentos, o como parte de una reunión de la iglesia.

Hay diferentes formas de dramatización: la pantomima, el posar como un cuadro, la representación de un relato, títeres, lecciones ilustradas, sermones ilus-

---

8. BARBARD, Floy M. *EL DRAMA EN LA IGLESIA* p. 136
9. BUTTON, Rena *LOS MATERIALES VISUALES EN LA EDUCACIÓN CRISTIANA* p. 26

trados, eventos históricos, una historia misionera, comedia, monólogo y otros. El drama de cualquier forma atrae interés y proporciona enseñanza.

RECREACIÓN

Mucho se ha discutido acerca de si la recreación tiene o no lugar en el programa educativo religioso de la iglesia. Las objeciones en gran parte no son precisamente contra la recreación misma sino contra algunos procedimientos recreativos usados. Aunque algunas de estas objeciones son justificadas, no es razón para la supresión absoluta de la recreación en la educación cristiana. Dice Viola Campbell: "las actividades recreativas en la educación cristiana hacen más agradables y perdurables las experiencias de aprendizaje·[10] Esto se nota más al enseñar a los niños, porque el niño dedica gran parte de sus horas de jugar. A la vez que entretienen, los juegos sirven para descargar las energías excedentes y para perfeccionar sus coordinadas musculares.

El maestro que obliga a los alumnos a permanecer sentados escuchando una enseñanza durante una hora o más, muy pronto verá que difícilmente podrá enseñar de esta manera. Además, los juegos constituyen oportunidades para la expresión y el desarrollo de la personalidad. Hay manera de acoplar los juegos con enseñanza bíblica a través de concursos, coros que incluyen expresión, ademanes, o marchas. Cuanto más pequeños los niños, más necesitan de actividad física, de movimiento y juego. El maestro sabio tendrá en cuenta las necesidades físicas de sus alumnos y planificará actividades que le permitirán moverse, cambiar

---

10. CAMPBELL, Viola D. *RECREACIÓN CRISTIANA* p. 92

de posición, ejercitarse y relacionarse con los demás alumnos.

Para los jóvenes en particular, la iglesia deberá planificar actividades recreativas y sociales para llenar la necesidad que tienen de conocerse, de tratarse, y relacionarse en un ambiente sano, espiritual y supervisado. Si la iglesia no planifica actividades que llenen las necesidades de su juventud, los jóvenes encontrarán otras maneras de satisfacer sus necesidades y quizás en el proceso se pierdan de la iglesia. Es verdad que la Biblia pone énfasis en lo espiritual y lo moral, pero no deja a un lado lo físico y emocional, ya que Dios creó al hombre como un ser completo. Es importante que el corazón, el alma, sean llenos de Dios, pero la mente, el cuerpo, y las emociones deben revelar la plenitud de Cristo también.

El programa recreativo de la iglesia puede incluir deportes, juegos, trabajos manuales, retiros, campamentos o excursiones, actividades culturales, recreación familiar, banquetes, etc. La actividad que se escoja dependerá de la edad del grupo. Lo importante es que toda actividad debe tener la aprobación de la iglesia y no incluir ninguna actividad dudosa que pudiera perjudicar el testimonio del pueblo cristiano. La recreación tendrá como propósito fomentar el compañerismo cristiano y ejercer influencias benéficas en la vida y el carácter de cada participante. Las actividades deberán planificarse con tanta oración y cuidado que cualquier otra actividad de la iglesia, para que sirva de beneficio físico, mental y espiritual.

6

ENSEÑANDO A TRAVÉS DEL OLER

Es verdad que en la escuela dominical casi nunca consideramos al olfato como medio de recibir enseñanza; sin embargo, el olfato afecta o puede afectar mucho la enseñanza. "El olfato lo predispone a uno inconscientemente a rechazar la enseñanza que se imparte en ciertos lugares. Por eso es tan importante la buena ventilación del aula, el aseo personal del maestro y de los alumnos, y el cuidado en cuanto al servicio higiénico de la iglesia."[1]

A los niños pequeños les podrá afectar inconscientemente, pero los niños mayores y los adultos se darán cuenta si hay mal olor, falta de ventilación o drenajes mal cerrados. Esto afectará mucho el aprendizaje y hasta la asistencia.

En las Escrituras se enfatiza la limpieza. En el Antiguo Testamento se enseña la importancia de la limpieza a la vista de Dios. Los alumnos deben venir limpios por respeto a la casa de Dios.

---

1. WALKER, Luisa Jeter de *MÉTODOS DE ENSEÑANZA* p. 12

Así que, aunque el olfato no sea medio principal de enseñanza, debemos evitar que sea motivo de no aprender. Cuando se adapte al caso, podremos llevar una flor, perfume u otra cosa que ayude a la enseñanza a través de este sentido.

RESÚMEN DE MÉTODOS

Se ha discutido acerca de cuál es el mejor método que debería ser empleado en la enseñanza de los intermedios, de los jóvenes o de los adultos. Debemos aclarar que no existe un método que sea el mejor, porque se debe usar una combinación de métodos. El peor de los métodos es el que se acostumbra usar cada domingo.

Al escoger el método a usarse, se tomará en cuenta cinco factores:

1. La capacidad y los intereses del maestro
2. El currículo que se está usando
3. La edad de los alumnos
4. El objetivo específico del curso
5. El medio ambiente y el equipo disponible[2]

En sentido general, los niños requieren métodos que contengan actividad y movimiento, ya que son inquietos. Si se usa un método que requiere sentarse quietamente, debe alternarse con un método que les permitirá moverse. Los intermedios y jóvenes ya no requieren tanta actividad física porque sus mentes están desarrolladas para poder participar con entusiasmo en clases más largas.

---

2. PERSON, Peter *INTRODUCTION TO CHRISTIAN EDUCATION* p. 83

Con los adultos, a pesar de estar acostumbrados a sentarse largo tiempo, aprenden mejor cuando hay actividad variada, visuales, mapas, y pizarrón.

Dios nos ayudará para que seamos buenos maestros de Su Palabra, usando diferentes métodos que realcen la enseñanza.